21 世纪高等学校
经济管理类规划教材
高校系列

U0734388

EXPERIMENTAL TEXTBOOK ON SECURITIES INVESTMENT

证券投资学
实验教程

✚ 王朝晖 熊乐星 孙伍琴 编著

ECONOMICS
AND
MANAGEMENT

人民邮电出版社
北 京

图书在版编目（CIP）数据

证券投资学实验教程 / 王朝晖，熊乐星，孙伍琴编
著. -- 北京 : 人民邮电出版社，2014.9
21世纪高等学校经济管理类规划教材. 高校系列
ISBN 978-7-115-36353-4

Ⅰ. ①证… Ⅱ. ①王… ②熊… ③孙… Ⅲ. ①证券投
资－高等学校－教材 Ⅳ. ①F830.91

中国版本图书馆CIP数据核字(2014)第155751号

内 容 提 要

本书顺应实验教学的发展趋势，以试用多年的证券投资学实验讲义为基础编写而成。全书主要包括
证券行情观察与交易、证券技术分析、证券基本分析和现代投资理论等内容，共 9 个实验单元，与课堂
理论教学配合使用。其中，第 4 实验单元证券高级技术分析可作为选学内容。

本书所选内容贴近现实证券市场，分析方法实用，适合作为大学本科实验教学教材，也可供证券爱
好者或从业者学习参考。

◆ 编　著　王朝晖　熊乐星　孙伍琴
　　责任编辑　武恩玉
　　执行编辑　刘向荣
　　责任印制　彭志环　杨林杰
◆ 人民邮电出版社出版发行　　北京市丰台区成寿寺路 11 号
　　邮编　100164　电子邮件　315@ptpress.com.cn
　　网址　http://www.ptpress.com.cn
　　北京建宏印刷有限公司印刷
◆ 开本：787×1092　1/16
　　印张：8.75　　　　　　　　　2014 年 9 月第 1 版
　　字数：197 千字　　　　　　　2025 年 1 月北京第 14 次印刷

定价：25.00 元
读者服务热线：(010)81055256　印装质量热线：(010)81055316
反盗版热线：(010)81055315
广告经营许可证：京东市监广登字 20170147 号

前 言 FOREWORD

　　随着计算机与互联网技术的迅猛发展，经济实验教学逐渐普及开来。这种新兴教学手段更生动、更深入、更全面，特别适合证券投资学这种理论与实践紧密联系的课程。证券投资实验教学具有极强的直观性，对培养学生的实践能力、创新能力和决策能力具有不可替代的作用。

　　本书顺应实验教学的发展趋势，以证券投资学实验内部讲义为基础，经过大量修改与完善形成了现在的版本。本书编者多年从事证券投资学教学，具有丰富的证券市场实践经验，所选内容贴近现实证券市场，分析方法实用，适合本科实验教学。

　　本书主要包括证券行情观察与交易、证券技术分析、证券基本分析和现代投资理论等内容，共 9 个实验单元，与课堂理论教学配合使用。其中，第 4 实验单元证券高级技术分析可作为选学内容。

　　本书具有如下特点。

　　其一，本书所用证券行情分析系统软件与证券模拟交易系统全部来自互联网免费资源，这使得实验课不再受到授课时间与地点的限制，方便学生随时随地了解风云变幻的金融市场，将教学延伸到实验室外。

　　其二，实验案例同样来自互联网上的丰富资源，案例鲜活，实用性强。

　　其三，本书难易适中，实验程序由最常用的 Excel 软件来完成。

　　其四，每个实验前都有理论要点介绍，实验步骤配有文字、图片与数据说明，便于学生操作。

　　在本书编写中，董春丽、龚潇潇在资料搜集、整理和校对等方面做了大量工作，特致谢意。同时，还要感谢同花顺网、大智慧网、通达信网、东方财富网和叩富网提供免费软件服务。最后，衷心感谢宁波大学教材建设基金和宁波市服务型教育重点专业（高端贸易与金融专业群）的资助。

　　尽管编者做了最大努力，但受水平能力所限，书中错误与不足在所难免，敬请同行与读者不吝赐教。意见与建议请发 E-mail 至 wangzhaohui@nbu.edu.cn。

王朝晖

2014 年 5 月

目 录 CONTENTS

第1实验单元　证券行情分析系统

1.1　实验概述

◆ **实验名称**
　证券行情分析系统
◆ **实验目的**
　安装使用常用证券行情分析系统，掌握该类软件的基本操作方法与行情分析方法。
◆ **实验工具**
　东方财富通、同花顺、大智慧和通达信等证券行情分析软件。

1.2　实验理论基础

1.2.1　分时图的基础知识

　　分时图是指大盘（股票指数）或个股的动态实时（即时）走势，以 1 分钟为单位，反映即时市场多空力量的转化。分时图常用于股票短线交易。

1. 大盘分时图分析

● 上证领先指数。白色曲线表示上证指数，由上海证券交易所实时发布。相比加权的上证指数，黄色曲线是指不含加权的指数，即按所有股票为等权重而计算出来的指数，如图1.2.1 所示。

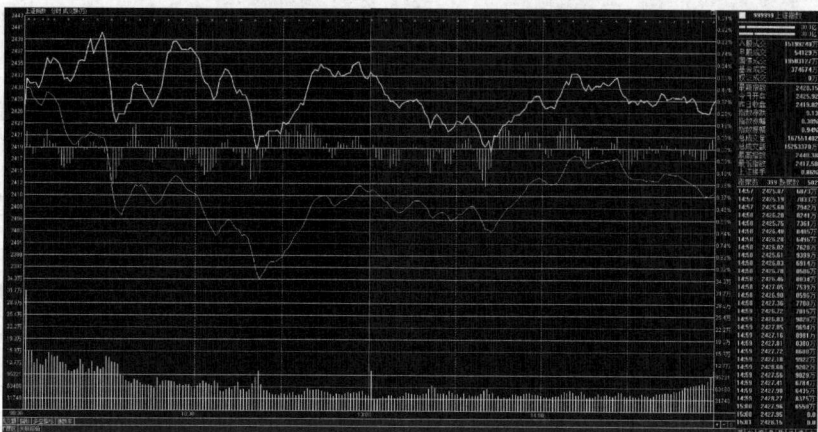

图 1.2.1　大盘分时走势

参考白黄两条曲线的相互位置可知：①指数上涨时，黄线在白线之上，表示流通盘较小的股票涨幅较大；反之，黄线在白线之下，说明盘小的股票涨幅落后大盘股。②当指数下跌时，黄线在白线之上，表示流通盘较小的股票跌幅小于盘大的股票；反之，盘小的股票跌幅大于盘大的股票。

- 红绿柱线。在黄白两条曲线附近有红绿柱状线，用于反映大盘即时所有股票的买盘与卖盘在数量上的比率。红柱线的增长与缩短表示上涨买盘力量的增减；绿柱线的增长与缩短表示下跌卖盘力度的强弱。

- 大盘分时成交。下方每分钟出现一根黄色柱子，代表大盘一分钟内的成交金额，240根成交额相加即为当天的总成交金额。

2．个股分时图分析

个股分时图是个股的动态价格实时（即时）走势图，如图 1.2.2 所示，反映了即时多空力量转化。

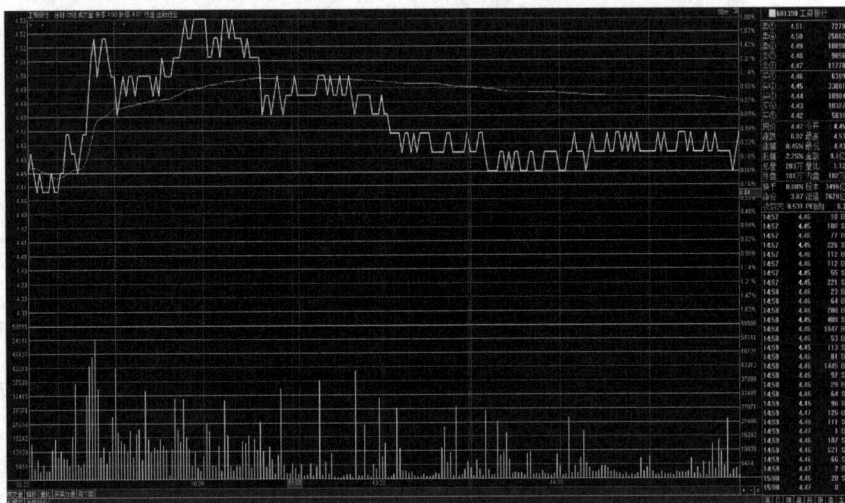

图 1.2.2　个股分时走势

- 白色曲线。白色曲线表示该种股票即时成交的价格。

- 黄色曲线。黄色曲线表示该种股票即时成交的平均价格，即当时成交总金额除以成交总股数。

- 黄色柱线。黄色柱线位于黄白曲线图的下方，用来表示每分钟的成交量，单位为手（每手为 100 股）。

- 委买委卖手数。代表即时所有股票买入委托下五档和卖出上五档手数相加的总和。

- 委比数值。是委买委卖手数之差与之和的比值。当委比数值为正值的时候，表示买方力量较强，股指上涨的概率大；当委比数值为负值的时候，表示卖方的力量较强，股指下跌的概率大。

- 委差。是总的委托买入量与总的委托卖出量的差值，是投资者意愿的体现，一定程度上反映了价格的发展方向。

- 外盘内盘。外盘又称主动性买盘，即成交价在卖出挂单价的累积成交量；内盘主动性卖盘，即成交价在买入挂单价的累积成交量。外盘反映买方的意愿，内盘反映卖方的意愿。

在技术分析系统中经常有"外盘"、"内盘"出现。委托以卖方成交的纳入"外盘"。如果外盘很大意味着多数卖的价位都有人来接，显示买势强劲。委托以买方成交的纳入"内盘"。如果内盘过大，则意味着大多数的买入价都有人愿卖，显示卖方力量较大。如果内盘和外盘大体相近，则表明买卖力量相当。"外盘"和"内盘"相加为成交总量。

- 量比。量比是指当天开市后每分钟的平均成交量与过去 5 个交易日平均每分钟成交量之比。具体公式为

$$量比 = \frac{现成交总手}{过去5个交易日平均每分钟交易量×当日累计开市时间（分）}$$

当量比大于1时，说明当日每分钟的平均成交量大于过去 5 日的平均水平，即交易量在放大；当量比小于1时，说明当日成交量小于过去 5 日的平均水平，即交易量在萎缩。

- 换手率。"换手率"也称"周转率"，指在一定时间内市场中股票转手买卖的频率，是反映股票流通性强弱的指标之一。换手率是当天的成交股数与流通股总数的比值。其计算公式为

$$周转率(换手率) = \frac{某一段时期内的成交量}{发行总股数} × 100\%$$

换手率太低，说明成交不活跃，如果是庄股，则说明筹码已基本集中到主力手中，浮筹不多。换手率高，说明交投踊跃，反映主力大量吸货，有较大的活跃度，今后拉高可能性大。另外，将换手率与股价走势相结合，可以对未来的股价做出一定的预测和判断。某只股票的换手率突然上升，成交量放大，可能意味着有投资者在大量买进，股价可能会随之上扬。如果某只股票持续上涨了一个时期后，换手率又迅速上升，则可能意味着一些获利者要套现，股价可能会下跌。

值得注意的是，换手率较高的股票，往往也是短线资金追逐的对象，投机性较强，股价起伏较大，风险也相对较大。

一般来讲，一只股票若想有较好的上涨行情，必须保持相对较高的换手率，一个上升波段较好换手率标准在 5%左右，小于这个数，说明交投不够活跃，太大则有主力出货嫌疑，若日换手率超过 10%，要格外小心，主力出货迹象已相当明显了。

1.2.2　K线图

股市分析中最常用的一种图就是 K 线图，如图 1.2.3 所示。它是通过对一段时期内股价变动情况的分析来找出未来股价变动的趋势。

K 线图由开盘价、收盘价、最高价和最低价组成，如图 1.2.4 所示，作图方法如下。

在坐标纸上先给出坐标，纵轴是高度，横轴是时间。在当天开盘价的位置上画一条横线，收盘价处也画一条横线，再将这两条横线用两根竖线连起来，就构成了一个小方块。如果开盘价比收盘价高，称为收阴，这条 K 线称为阴线。如果开盘价比收盘价低，称为收阳，这条 K 线称为阳线。然后找出最高价和最低价的点，将这两个点和小方块的横线的中点连接起来。如果

这条连线在小方块的上方就称为上影线，如果这条连线在小方块的下方就称为下影线。也有时两个价格重合，即开盘价或者收盘价同时也就是最高价或者最低价，有一边就没有影线，称为光头线或光脚线。那个小方块称为实体。图 1.2.4 所示为两个最为常见的 K 线形状。

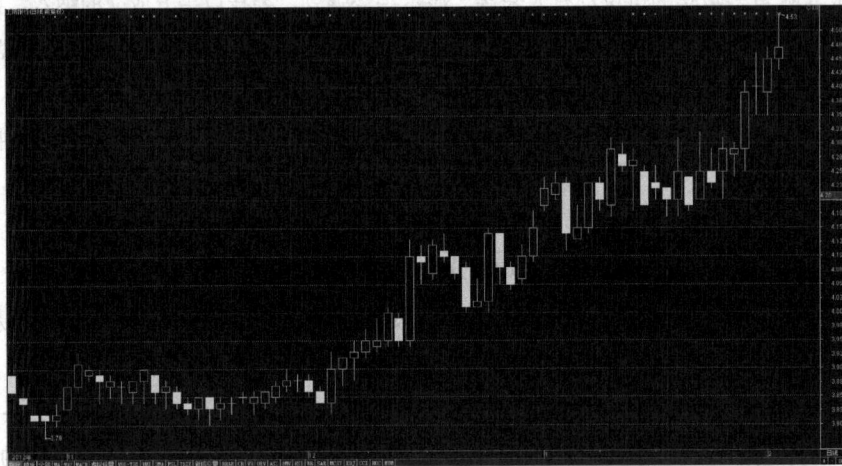

图 1.2.3　股票 K 线图

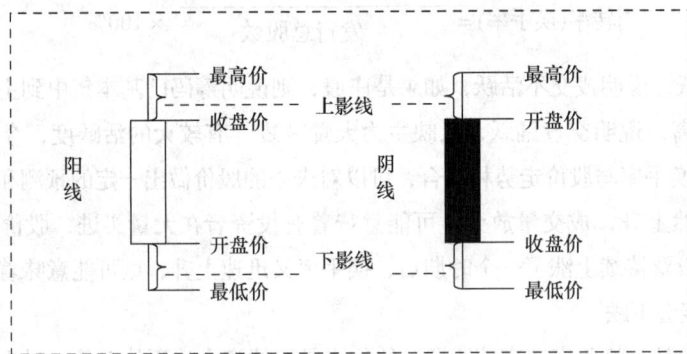

图 1.2.4　K 线图详解

如果将每天的 K 线都画在一张图上，则称为日 K 线图，同样也可以画出周 K 线图和月 K 线图。在电脑软件的帮助下，在计算机中可以看到 5 分钟、15 分钟、30 分钟和 60 分钟的 K 线图，如图 1.2.5 所示。

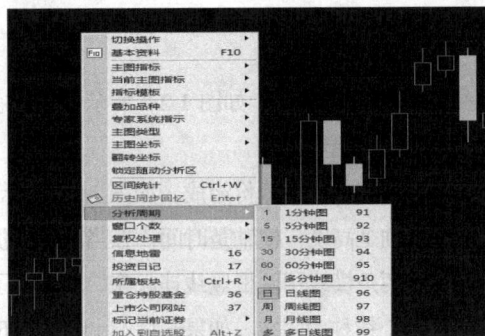

图 1.2.5　K 线图周期选择

通过对 K 线图的实体是阴线还是阳线，上、下影线的长短等方面的分析，可以用来判断多空双方力量的对比和后市的走向。阳线说明买方的力量强过卖方，阳线越长，说明多方力量胜过空方越多，后市继续走强的可能性就越大。相反，若是收成阴线表示卖方力量强过买方力量，阴线越长，说明空方力量胜过多方越多，后市走弱的可能性就越大。

1.2.3 移动平均线

在技术指标中移动平均线是运用得最多、准确性也相对最好的指标之一，从数字的变动中去预测未来股价短期、中期、长期的变动方向。移动平均线（MA）就是求连续若干天市场价格（通常指收盘价）的算术平均值的连线，取样的天数就是 MA 的参数。可以计算出股价指数在某一期间的移动平均数，或者某种股价在一定期间的移动平均数，再根据计算得到的移动平均数，绘成移动平均线，如图 1.2.6 所示。

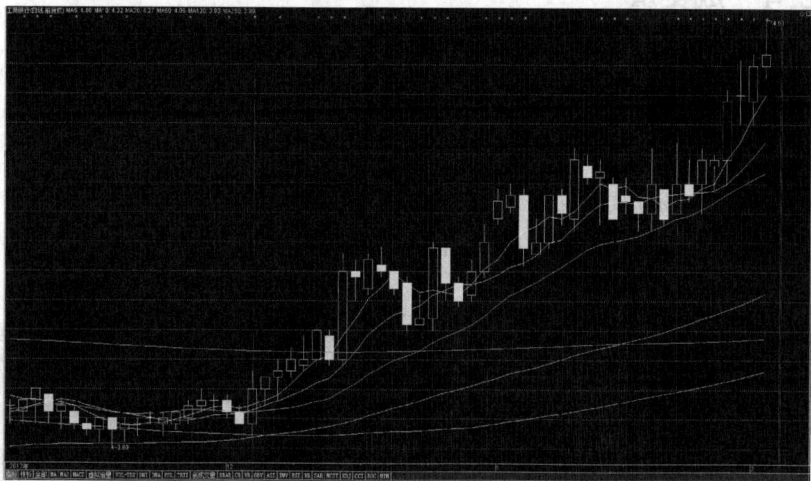

图 1.2.6 股票之移动平均线

1. 移动平均线的特征

移动平均线（MA）具有四大特征：

（1）趋势性。能够表示股价的波动趋势，并追随这个趋势，不会轻易改变。

（2）滞后性与稳定性。在股价原有的趋势发生反转时，MA 的反应较迟缓，调头速度落后于大趋势。这两者是一个问题的两个方面，相辅相成。

（3）助涨助跌性。当股价突破 MA 时，无论是向上突破还是向下突破，股价都有继续向突破方向惯性前进的愿望。这是由于 MA 的支撑和压力作用造成的，突破均线意味着突破支撑或压力线，说明市场已积累了一定的能量，反映在走势上就是惯性前进。

（4）市场平均成本性。MA 就是平均成本，n 日的 MA 就表示着 n 日内的市场平均成本。当 MA 向上时表明最近一段时间内买入者的成本在不断增大；当 MA 向下时表明最近一段时间内卖出价在不断降低。

移动平均线可分为短期、中期、长期三种，一般说来做短线的宜用短期 MA，中线投资者宜用中期 MA，而买了股票放几年的则宜用长期 MA。

2．移动平均线的排列和交叉

（1）多头排列和空头排列。当短、中、长三条移动平均线在处于上升趋势的市价线下方，依次由上向下排列时，就构成多头排列。多头排列说明市场呈现出强烈的赚钱示范效应，短线的、中线的、长线的都有赚头，这是典型的牛市。当短、中、长三条移动平均线在处于下降趋势的市价线上方，依次由下向上排列时，就构成空头排列。空头排列说明市场呈现出强烈的亏钱效应，不管是做短线、中线还是长线，此时抛出都在割肉，这是典型的熊市。

（2）黄金交叉与死亡交叉。黄金交叉就是短期均线向上交叉中期均线或长期均线，或者中期均线向上交叉长期均线，简称为金叉，预示着股价将继续上升。死亡交叉就是短期均线向下交叉中期均线或长期均线，或者中期均线向下交叉长期均线，简称为死叉，预示着股价将继续下行。

1.2.4　成交量

1．成交量的五种形态

成交量是个股或大盘成交的股份总数，如图 1.2.7 所示。虽然说成交量比较容易做假，控盘主力常常利用广大散户对技术分析的一知半解而在各种指标上做文章，但是成交量仍是最客观的要素之一。市场分歧促成成交。所谓成交，当然是有买有卖才会达成，光有买或光有卖绝对达不成。成交必然是一部分人看空后市，另外一部分人看多后市，造成巨大的分歧，又各取所需，才会成交。

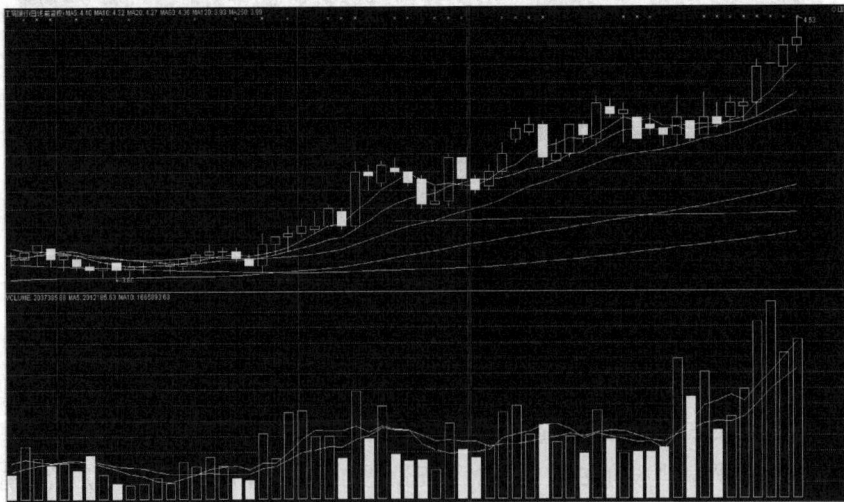

图 1.2.7　成交量分析

- 缩量。缩量是指市场成交极为清淡，大部分人对市场后期走势十分认同，意见十分一致。这里面又分两种情况：一是市场人士都十分看淡后市，造成只有人卖，却没有人买，所以急剧缩量；二是市场人士都对后市十分看好，只有人买，却没有人卖，所以又急剧缩量。缩量一般发生在趋势的中期，大家都对后市走势十分认同，下跌缩量，碰到这种情况，就应坚决出局，等量缩到一定程度，开始放量上攻时再买入。同样，上涨缩量，碰到这种情况，就应坚决买进，坐等获利，等股价上冲乏力，有巨量放出的时候再卖出。

- 放量。放量一般发生在市场趋势发生转折的转折点处，市场各方力量对后市分歧逐渐加大，在一部分人坚决看空后市时，另一部分人却对后市坚决看好；在一些人纷纷把家底甩出时，另一些人却在大手笔吸纳。放量相对于缩量来说，有很大的虚假成份，控盘主力利用手中的筹码大手笔对敲放出天量，是非常简单的事。只要分析透了主力的用意，也就可以将计就计。

- 堆量。当主力意欲拉升时，常把成交量做得非常漂亮，几日或几周以来，成交量缓慢放大，股价慢慢推高，成交量在近期的K线图上，形成了一个状似土堆的形态，堆得越漂亮，就越可能产生大行情。相反，在高位的堆量表明主力在大举出货。

- 量不规则性放大缩小。这种情况一般是没有突发利好或大盘基本稳定的前提下，妖庄所为，风平浪静时突然放出历史巨量，随后又没了后音，一般是实力不强的庄家在吸引市场关注，以便出货。

2．市场成交量与价格的关系

确认当前价格运行趋势。市场上行或下探，其趋势可以用较大的成交量或日益增加的成交量进行确认。逆趋势而行可以用成交量日益缩减或清淡成交量进行确认。

趋势呈现弱势的警告。如果市场成交量一直保持锐减，则警告目前趋势正开始弱化。尤其是市场在清淡成交量情况下创新高或新低，以上判断的准确性更高。

区间突破的确认方法。市场失去运行趋势时即处于区间波动，创新高或新低即实现对区间的突破将伴随成交量的急剧增加。价格得到突破但缺乏成交量的配合预示市场尚未真正改变当前运行区间，所以应十分谨慎。

成交量催化股价涨跌。一只股票成交量的大小，反映的是该股票对市场的吸引程度。当更多的人或更多的资金对股票未来看好时，他们就会投入资金；当更多的人或资金不看好股票未来时，就会卖出手中的股票，从而引起价格下跌。但是无论如何，这是一个相对的过程，也就是说，不会所有的人对股票"一致地"看好或看坏。这是一个比较单纯的看法，更深层的意义在于：股票处于不同的价格区域，看好的人和看淡的人数量会产生变化。比如市场上现在有100个人参与交易，某股价格在10元时可能有80个人看好，认为以后会出现更高的价格，而当这80个人都买进后，果真引起价格上升；股价到了30元时，起先买入的人中可能有30个人认为价格不会继续上升，因此会卖出股票，而最初看跌的20个人可能改变了观点，认为价格还会上升，这时，价格产生了瞬间不平衡，卖出的有30人，买入的只有20人，则价格下跌。看好、看淡的人数会重新组合并决定下一步走势。大多数人都有一个错误的看法：股票成交量越大，价格就越涨。要知道，对于任何一个买入者，必然有一个相对应的卖出者，无论在任何价格，都是如此。在一个价格区域，如果成交量出乎意料地放大，只能说明在这个区域人们有非常大的分歧，比如50个人看涨，50个人看跌；如果成交量非常清淡，则说明有分歧的人很少或者人们对该股票毫不关心，比如5个人看涨，5个人看跌，90个人无动于衷或在观望。

可以从成交量变化分析某股票对市场的吸引程度。成交量越大，说明越有吸引力，以后的价格波动幅度可能会越大。

可以从成交量变化分析某股票的价格压力和支撑区域。在一个价格区域，如果成交量很大，说明该区域有很大的压力或支撑，趋势将在这里产生停顿或反转。

可以观察价格走出成交密集区域的方向。当价格走出成交密集区，说明多空分歧得到了暂时的统一，如果是向上走，那价格倾向于上升；若向下走，则价格倾向于下跌。

可以观察成交量在不同价格区域的相对值大小，来判断趋势的健康性或持续性。随着某股票价格的上升，成交量应呈现阶梯性减弱，一般来说，股票相应的价格越高，感兴趣或敢于参与的人就相应越少。不过这一点，从成交额的角度来看，会更加简单扼要。

仅仅根据成交量，并不能判断价格趋势的变化，至少还要有价格来确认。成交量是价格变化的一个重要因素之一，也是一个可能引起本质变动的因素，但是在大多数时候，只起到催化剂的作用。

市场上有这样一种认识，认为个股或股指的上涨，必须要有量能的配合，如果是价升量增，则表示上涨动能充足，预示个股或股指将继续上涨；反之，如果缩量上涨，则视为无量空涨，量价配合不理想，预示个股或股指不会有较大的上升空间或难以持续上行。

1.3　实验内容

1.3.1　证券行情分析系统的下载和安装

本节实验以通达信和同花顺证券行情分析系统为例。

步骤一，进入通达信网站：http://mock.tdx.com.cn/；或进入同花顺网站，http://www.10jqka.com.cn/。

步骤二，单击进入个人版下载，并下载安装"通达信金融终端（V7.01）"，或下载安装"同花顺免费版"。

1.3.2　证券行情分析系统的快捷功能键

证券行情分析系统的命令可从菜单中选择，也可由快捷功能键完成。学习证券行情分析系统的操作可从了解功能快捷键开始。本节介绍的是通达信系统的快捷键，其他证券分析系统类似。在操作时，可逐一键入，观察系统的反应，并牢记常用快捷键。

1．常用快捷键

F3(03) 上证大盘。F3(03)是指单击"F3"键，或输入"03"后单击"回车"键。下同。	Ctrl+F8 多周期图
F4(04) 深证大盘	Ctrl+F11 财务图示
F10(10) 看公司资讯	Ctrl+F12 期货下单(或港股下单)
F5(05) 切换分时、K线	Ctrl+D 大盘对照
F6(06) 看自选股	Ctrl+F 公式管理器
F12 委托下单	Ctrl+H 查看港股关联代码
Insert 加入自选股	Ctrl+R 查看所属板块

Delete 删除自选股	Ctrl+Z 缩放右侧单元表
Enter 切换类型（列表、分时、K线）	.+1 卖一价买入
Esc 返回上一画面	.+2 卖二价买入
F1 成交明细	.+3 卖三价买入
F2 价量分布	.+4 卖四价买入
F7 个股全景	.+5 卖五价买入
F8 分析周期	.-1 买一价卖出
Ctrl+4 四股分时/K线同列	.-2 买二价卖出
Ctrl+9 九股分时/K线同列	.-3 买三价卖出
Ctrl+6 十六股分时/K线同列	.-4 买四价卖出
Ctrl+F6 大字报价	.-5 买五价卖出
Ctrl+T 条件选股	

2．行情报价

0+Enter 沪深指数报价	80+Enter 沪深A股综合排名
00+Enter 沪深领先指数	81+Enter 上海A股综合排名
03+Enter(F3) 上证领先	82+Enter 上海B股综合排名
04+Enter(F4) 深证领先	83+Enter 深圳A股综合排名
1+Enter 上海A股行情报价	84+Enter 深圳B股综合排名
2+Enter 上海B股行情报价	802+Enter 中小板综合排名
3+Enter 深圳A股行情报价	803+Enter 创业板综合排名
4+Enter 深圳B股行情报价	06+Enter(F6) 自选报价
5+Enter 上海债券行情报价	006+Enter 自选同列
6+Enter 深圳债券行情报价	51~58+Enter 自定义板块51~58报价
7+Enter 上海基金行情报价	Ctrl+F6 大字报价
8+Enter 深圳基金行情报价	XKT+Enter 星空图
9+Enter 香港证券行情报价	90+Enter 多窗看盘
002+Enter 中小板行情报价	91+Enter 主力大单
300+Enter 创业板行情报价	92+Enter 阶段统计
60+Enter 沪深A股涨幅排名	93+Enter 强弱分析
61+Enter 上海A股涨幅排名	94+Enter 板块分析
62+Enter 上海B股涨幅排名	95+Enter 指标排行
63+Enter 深圳A股涨幅排名	41+Enter 股本结构
64+Enter 深圳B股涨幅排名	42+Enter 财务数据
602+Enter 中小板涨幅排名	43+Enter 财务指标
603+Enter 创业板涨幅排名	44+Enter 基金周报
71+Enter 上证新闻	45+Enter 股东变化
72+Enter 深证新闻	666+Enter 中证系列指数报价
73+Enter 券商信息	700+Enter 期货行情报价

（续）

KFSJJ 开放式基金	800+Enter 外汇行情报价
LOF 基金	888+Enter 股指期货报价
ETF ETF50 分析	999+Enter 上证系列指数报价

3．K 线页面

Enter [K 线页面]切换键	33+Enter 15 分钟 K 线
Ctrl+Enter 历史分时(在 K 线窗口)	34+Enter 30 分钟 K 线
左键双击 历史分时(在 K 线窗口)	35+Enter 60 分钟 K 线
05+Enter(F5) 分时走势	36+Enter 日 K 线
01+Enter(F1) 历史成交	37+Enter 周 K 线
07+Enter(F7) 个股全景	38+Enter 月 K 线
08+Enter(F8) 切换分析周期	39+Enter 季 K 线
10+Enter(F10) 公司资讯	310+Enter 年 K 线
11+Enter(F11) 基本资料	SPACE 鼠标当前位置信息地雷内容
Ctrl+Q 向前复权	↓ 缩小 K 线
Ctrl+B 向后复权	↑ 放大 K 线
Alt+1 一图组合	Ctrl+→ 光标快速右移 10 个周期
Alt+2 二图组合	Ctrl+← 光标快速左移 10 个周期
Alt+3 三图组合	Ctrl+Alt+→ 光标快速右移 30 个周期
Alt+4 四图组合	Ctrl+PageUP 向上翻页时向主站重新请求数据
Alt+5 五图组合	Ctrl+PageDown 向下翻页时向主站重新请求数据
Alt+6 六图组合	Home、End 定位光标到分时窗口最左、最右
Alt+9 九图组合	+、– 切换右侧功能标签
31+Enter 1 分钟 K 线	*、/ 切换右侧功能标签上一层标签
32+Enter 5 分钟 K 线	右键选择区域 区间统计（与 K 线放大）

4．分时页面

Enter(双击) 技术分析	SPACE 鼠标当前位置信息地雷内容
05+Enter(F5) 技术分析	↓ 增加连续多日分时
01+Enter(F1) 成交明细	↑ 减少连续多日分时
02+Enter(F2) 价量分布	Home、End 定位光标到分时窗口最左、最右
07+Enter(F7) 个股全景	+、– 切换右侧功能标签
10+Enter(F10) 公司资讯	*、/ 切换右侧功能标签上一层标签
11+Enter(F11) 基本资料	右键选择区域 区间统计（与 K 线放大）

5. 列表页面

Enter(双击) [列表页面]切换键	01+Enter(F1) 成交明细
Ctrl+4 四股分时同列	02+Enter(F2) 价量分布
Ctrl+9 九股分时同列	07+Enter(F7) 个股全景
Ctrl+6 十六股分时同列	10+Enter(F10) 公司资讯
→ 向右移动列	11+Enter(F11) 基本资料
← 向左移动列	

6. 其他快捷键

Esc 返回上一画面	Ctrl+N 新建
Backspace 返回上一画面	Ctrl+S 保存页面
Insert 加入自选股	Ctrl+W 全屏显示
Delete 从自选股中删除	空格键 调出信息地雷内容
Ctrl+A 自动翻页	Scroll Lock 锁定主图光标时间轴
Ctrl+G 股灵通	Alt+Z 快速隐藏(默认)
Ctrl+X(HX) 画线	Shift + F1 这是什么? (跟随帮助)
Ctrl+K 查看快捷键列表	Alt+F4 退出程序
Ctrl+M 输出到图片	

1.3.3 证券行情分析系统的界面设置

本节实验以通达信证券行情分析系统为例。

1. 主图指标与副图指标

个股最上面的显示价格的 K 线区称为主图区, 主图区下面的部分称为副图区, 主图区中的指标为主图指标, 副图中的指标为副图指标如图 1.3.1 所示。

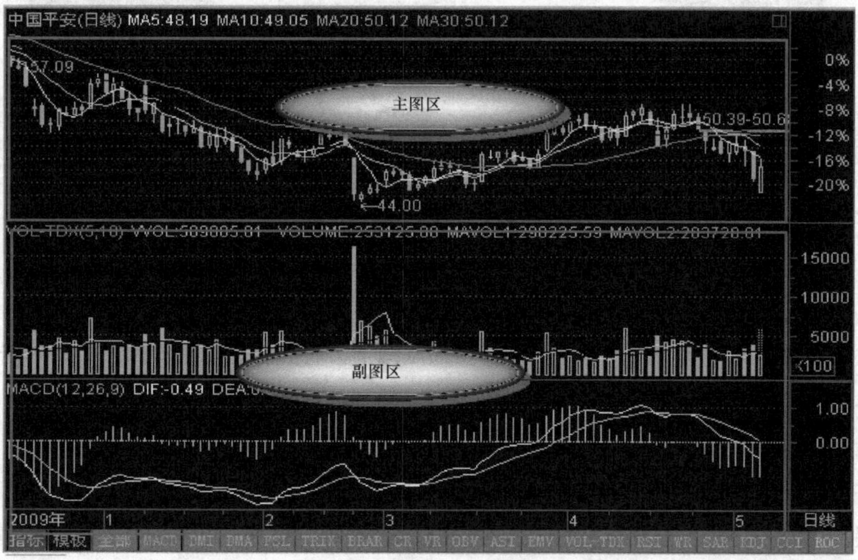

图 1.3.1 主图区与副图区

2．指标参数修改及指标注释

在个股 K 线界面，单击鼠标右键，选择当前指标菜单项就可进行调整指标参数及查看指标用法注释，如图 1.3.2 所示。

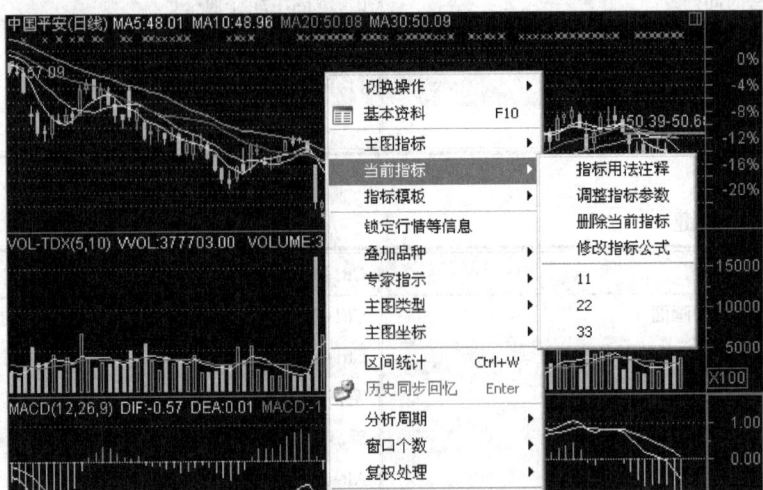

图 1.3.2 主图指标参数查看与调整

3．切换指标

对于主图指标的切换：鼠标单击主图将光标定位于主图上，单击鼠标右键，选择主图指标就可能弹出的对话框中选择主图指标，如图 1.3.3 所示。

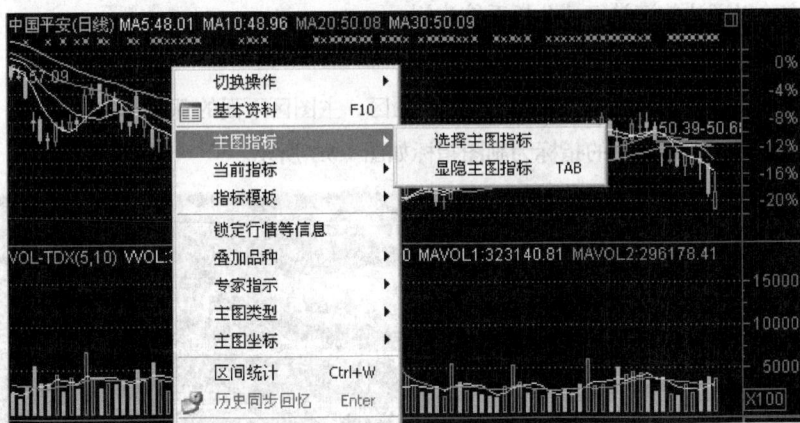

图 1.3.3 主图指标切换

对于副图指标的切换：鼠标单击需切换的副图上，将光标定位于该副图上，单击鼠标右键，单击"选择指标"在可能弹出的对话框中选择指标，如图 1.3.4 和图 1.3.5 所示。

4．制订指标模板

在 K 线部分副图区左下脚，单击模板可把当前使用的指标存为指标模板，已保存的指标列在另存为的右边，单击模板名称进入对应的指标系列，单击"管理"可删除指标模板如图 1.3.6 和图 1.3.7 所示。

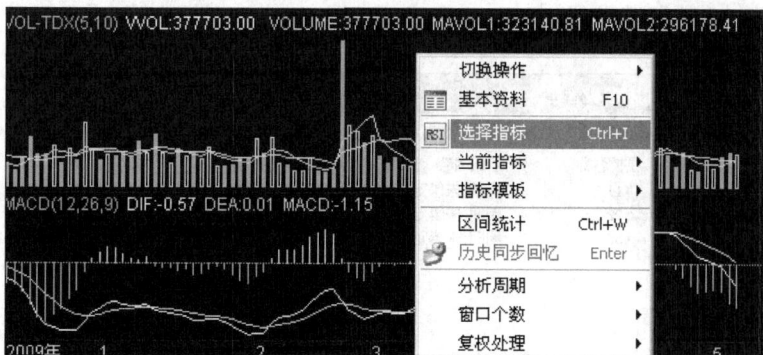

图 1.3.4 副图指标切换（一）

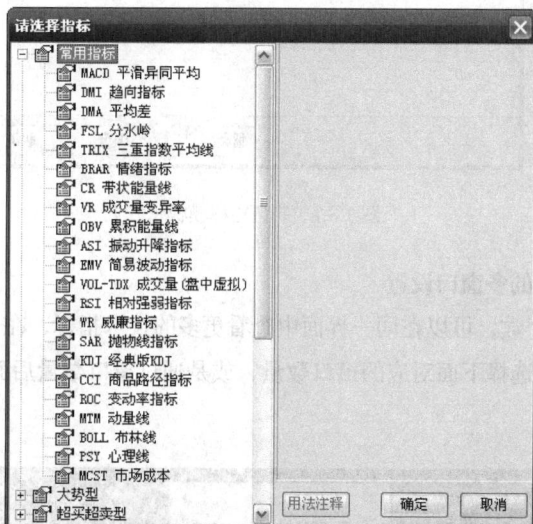

图 1.3.5 副图指标切换（二）

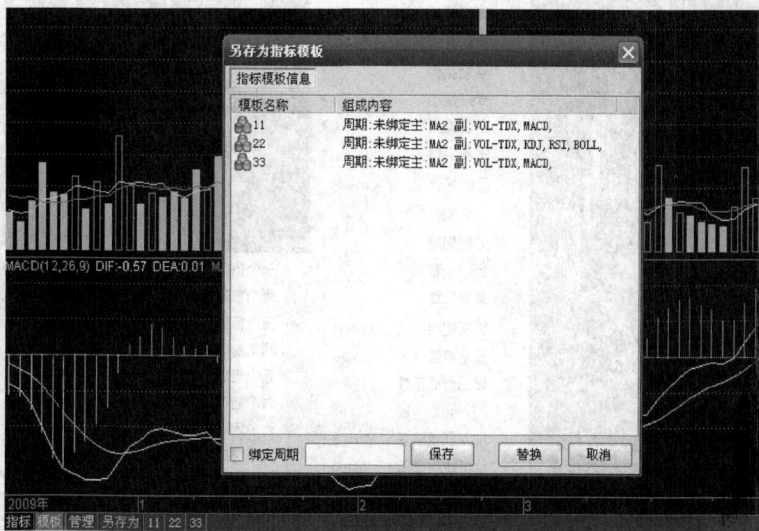

图 1.3.6 制订指标模板（一）

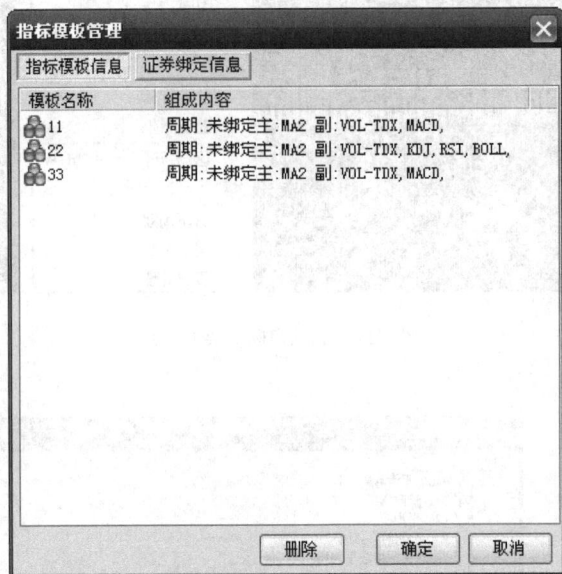

图 1.3.7　制订指标模板（二）

5．指标使用时的多窗口设置

通过设置窗口个数，可以在同一界面中查看更多的技术指标，在 K 线界面单击鼠标右键选择"窗口个数"，选择下面对应的窗口数量，或是通过窗口数量后面对应的快捷键进行设置如图 1.3.8 所示。

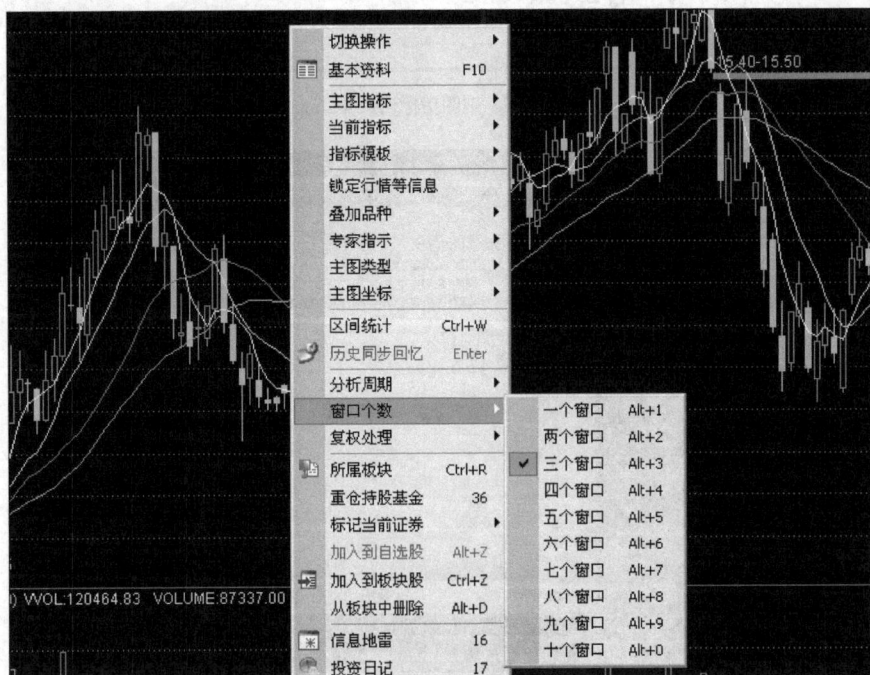

图 1.3.8　多窗口设置

1.4 思考与练习

1. 按照要求在个人电脑上下载安装股票软件,并及时在【系统】—【盘后数据下载】中补充各种数据。

2. 熟练掌握证券行情分析系统的快捷键使用。

3. 个股的 K 线图是判断分析股票未来走势最重要的内容,为什么?

4. "股票是有重量的",这句话反映了股票成交量的重要作用,你怎么理解。

第 2 实验单元　证券交易

2.1　实验概述

◆　**实验名称**

证券交易

◆　**实验目的**

通过证券模拟交易，熟悉证券的交易规则。通过大量交易获得操作股票的必要经验。

◆　**实验工具**

叩富网模拟交易系统，同花顺模拟炒股。

2.2　实验理论基础

2.2.1　证券交易市场

1．证券交易市场结构

证券交易市场也称流通市场或是证券二级市场。股票和债券的持有人可以通过交易市场买卖证券，从而为投资者提供资产的流通性，保证证券市场正常运行。证券交易市场可分为证券交易所市场与场外交易市场

交易所市场是股票流通市场的最重要的组成部分，也是交易所会员、证券自营商或证券经纪人在证券市场内集中买卖上市股票的场所，是二级市场的主体。具体来说，它具有固定的交易场所和固定的交易时间。接受和办理符合有关法律规定的股票上市买卖，使原股票持有人和投资者有机会在市场上通过经纪人进行自由买卖、成交、结算和交割。

场外市场又称店头市场或柜台市场。它与交易所共同构成一个完整的证券交易市场体系。场外交易市场实际上是由多家证券商行组成的抽象的证券买卖市场。在交易所内仅买卖已上市的股票，而在场外交易市场则不仅买卖已上市的股票，同样也买卖未上市的股票。

2．证券商

我国的证券公司是指依照《公司法》规定，经国务院证券监督管理机构审查批准设立的从事证券经营业务的、具有法人资格的金融机构，可分为有限责任公司或者股份有限公司。世界各国对证券经营机构的划分和称呼不尽相同，美国称投资银行，英国称商业银行，日本等一些国家和我国一样，把专营证券业务的金融机构称为证券公司。

证券业务范围既是划分证券公司类别的法定标准，也是认定证券公司行为合法性的依据，更是证券监管机构对证券公司实施监管的基础。根据《证券法》第 129 条规定，证券公司的证券业务包括四类，即证券经纪业务、证券自营业务、证券承销业务以及经国务院证券监督管理机构核定的其他证券业务。其中，综合类证券公司可以同时经营上述四类业务中的数项，经纪类证券公司仅从事证券经纪业务。

3．证券交易方式

目前，世界各国的证券交易主要为以下几种方式：

（1）现货交易。又叫现货现金交易，它是指证券买卖成交以后，按当时的成交价格清算和交割的交易方式。

（2）期货交易。买卖双方关于股票所有权的转让与货款的交割有一段时间距离。在期货交易中，买卖双方只要交纳少量的保证金签订一分合同，其股票的所有权就从买方转予了卖方，但不必立即付款和交付股票，而只有到了约定的交割期时，买方才付货款，卖方才交出股票。

（3）信用交易。又叫保证金交易或垫头交易，也是通常所说的买空卖空，这就是当投资者在看好后市但资金又不充足时，以将购入的股票作为担保向经纪人借入一定的款项来购买股票，或在看空后市但没有股票时，以一定数额的资金为担保向经纪人融通股票而卖出股票的行为。

（4）期权交易。又称为股票选择权交易，拥有股票期权的投资者可在一定的时间期限内按确定的价格和数量买卖某种股票，而对这种权利的转让就称为股票期权交易。

4．证券交易流程

（1）开户。投资者买卖证券一般通过委托经纪人的方式进行，需要在证券商处开设资金账户，进行登记；在证券登记结算公司开设股票账户。开户之后，才有资格委托经纪人代为买卖证券。

（2）委托。委托是证券交易的第一环节，对不同的交易市场而言，可允许的委托种类是不同的，从理论及实务上而言，投资人经由证券商下单的方式可按以下标准进行分类：市价委托、限价委托、止损委托、止损限价委托、触及市价委托。

（3）竞价与成交。经纪人在接受投资者委托后，即按投资者指令进行申报竞价，然后拍板成交。电脑竞价是世界各国证券交易所采用的主要竞价方式。成交价的决定基本上按价格的形成是否连续分为连续竞价和集合竞价，相应的交易市场分为连续市场和集合市场两种。

5．清算与交割

证券的清算与交割是证券交易达成后的后续处理，是价款结算和证券交收的过程。清算和交割统称证券的结算，是证券交易中的关键一环，它关系到买卖达成后交易双方责权利的了结，直接影响到交易的顺利进行，是市场交易持续进行的基础和保证。我国证券交易所的股票已实行"无纸化交易"，对于交易过户而言，结算的完成即实现了过户，所有的过户手续都由交易所的电脑自动过户系统一次完成，无须投资者另外办理过户手续。

2.2.2 证券交易规则

证券交易应按照《上海证券交易所交易规则》、《深圳证券交易所交易规则》的规定进行。本节内容节选自《上海证券交易所交易规则》。

1．证券买卖一般规定

（1）证券交易所会员（以下简称"名员"）接受投资者的买卖委托后，应当按照委托的内容向证券交易所申报，并承担相应的交易、交收责任。会员接受投资者买卖委托达成交易的，投资者应当向会员交付其委托会员卖出的证券或其委托会员买入证券的款项，会员应当向投资者交付卖出证券所得款项或买入的证券。

（2）会员通过其拥有的参与者交易业务单元和相关的报送渠道向证券交易所交易主机发送买卖申报指令，并按本规则达成交易，交易结果及其他交易记录由证券交易所发送至会员。

（3）会员应当按照有关规定妥善保管委托和申报记录。

（4）投资者买入的证券，在交收前不得卖出，但实行回转交易的除外。

证券的回转交易是指投资者买入的证券，经确认成交后，在交收前全部或部分卖出。

（5）债券和权证实行当日回转交易，B股实行次交易日起回转交易。

2．委托

（1）投资者买卖证券，应当开立证券账户和资金账户，并与会员签订证券交易委托协议。协议生效后，投资者即成为该会员经纪业务的客户（以下简称"客户"）。投资者开立证券账户，按证券交易所指定登记结算机构的规定办理。

（2）客户可以通过书面或电话、自助终端、互联网等自助委托方式委托会员买卖证券。电话、自助终端、互联网等自助委托应当按相关规定操作。

（3）客户通过自助委托方式参与证券买卖的，会员应当与其签订自助委托协议。

（4）除证券交易所另有规定外，客户的委托指令应当包括：证券账户号码、证券代码、买卖方向、委托数量、委托价格等。

（5）客户可以采用限价委托或市价委托的方式委托会员买卖证券。限价委托是指客户委托会员按其限定的价格买卖证券，会员必须按限定的价格或低于限定的价格申报买入证券；按限定的价格或高于限定的价格申报卖出证券。市价委托是指客户委托会员按市场价格买卖证券。

（6）客户可以撤销委托的未成交部分。

（7）被撤销和失效的委托，会员应当在确认后及时向客户返还相应的资金或证券。

3．申报

（1）证券交易所接受会员竞价交易申报的时间为每个交易日上午 9：15～9：25、上午 9：30～11：30、下午 13：00～15：00。每个交易日上午 9：20～9：25 的开盘集合竞价阶段，证券交易所交易主机不接受撤单申报；其他接受交易申报的时间内，未成交申报可以撤销。撤销指令经证券交易所交易主机确认方为有效。

（2）会员应当按照客户委托的时间先后顺序及时向证券交易所申报。

（3）证券交易所接受会员的限价申报和市价申报。

（4）市价申报只适用于有价格涨跌幅限制证券连续竞价期间的交易，证券交易所另有规定的除外。

（5）通过竞价交易买入股票、基金、权证的，申报数量应当为 100 股（份）或其整数倍。卖出股票、基金、权证时，余额不足 100 股（份）的部分，应当一次性申报卖出。

（6）竞价交易中，债券交易的申报数量应当为 1 手或其整数倍，债券质押式回购交易的申报数量应当为 100 手或其整数倍，债券买断式回购交易的申报数量应当为 1000 手或其整数倍。债券交易和债券买断式回购交易以人民币 1000 元面值债券为 1 手，债券质押式回购交易以人民币 1000 元标准券为 1 手。

（7）不同证券的交易采用不同的计价单位。股票为"每股价格"，基金为"每份基金价格"，权证为"每份权证价格"，债券为"每百元面值债券的价格"，债券质押式回购为"每百元资金到期年收益"，债券买断式回购为"每百元面值债券的到期购回价格"。

（8）A 股、债券交易和债券买断式回购交易的申报价格最小变动单位为 0.01 元人民币，基金、权证交易为 0.001 元人民币，B 股交易为 0.001 美元，债券质押式回购交易为 0.005 元。

（9）证券交易所对股票、基金交易实行价格涨跌幅限制，涨跌幅比例为 10%。股票、基金涨跌幅价格的计算公式为：涨跌幅价格=前收盘价×（1±涨跌幅比例）。计算结果按照四舍五入原则取至价格最小变动单位。属于下列情形之一的，首个交易日无价格涨跌幅限制：①首次公开发行上市的股票和封闭式基金；②增发上市的股票；③暂停上市后恢复上市的股票；④退市后重新上市的股票。

（10）申报当日有效。每笔参与竞价交易的申报不能一次全部成交时，未成交的部分继续参加当日竞价，本规则另有规定的除外。

4．竞价

（1）证券竞价交易采用集合竞价和连续竞价两种方式。集合竞价是指在规定时间内接受的买卖申报一次性集中撮合的竞价方式。连续竞价是指对买卖申报逐笔连续撮合的竞价方式。

（2）集合竞价期间未成交的买卖申报，自动进入连续竞价。

5．成交

（1）证券竞价交易按价格优先、时间优先的原则撮合成交。成交时价格优先的原则为：较高价格买入申报优先于较低价格买入申报，较低价格卖出申报优先于较高价格卖出申报。成交时时间优先的原则为：买卖方向、价格相同的，先申报者优先于后申报者。先后顺序按交易主机接受申报的时间确定。

（2）集合竞价时，成交价格的确定原则为：①可实现最大成交量的价格；②高于该价格的买入申报与低于该价格的卖出申报全部成交的价格；③与该价格相同的买方或卖方至少有一方全部成交的价格。两个以上申报价格符合上述条件的，使未成交量最小的申报价格为成交价格；仍有两个以上使未成交量最小的申报价格符合上述条件的，其中间价为成交价格。集合竞价的所有交易以同一价格成交。

（3）连续竞价时，成交价格的确定原则为：①最高买入申报价格与最低卖出申报价格相同，以该价格为成交价格；②买入申报价格高于即时揭示的最低卖出申报价格的，以即时揭示的最低卖出申报价格为成交价格；③卖出申报价格低于即时揭示的最高买入申报价格的，以即时揭示的最高买入申报价格为成交价格。

（4）按成交原则达成的价格不在最小价格变动单位范围内的，按照四舍五入原则取至相应的最小价格变动单位。

（5）买卖申报经交易主机撮合成交后，交易即告成立。符合本规则各项规定达成的交易于成立时生效，买卖双方必须承认交易结果，履行清算交收义务。

（6）依照本规则达成的交易，其成交结果以证券交易所交易主机记录的成交数据为准。

（7）证券交易的清算交收业务，应当按照证券交易所指定的登记结算机构的规定办理。

2.3　实验内容

证券交易实验在叩富网模拟炒股系统进行。叩富网模拟炒股系统是一个专业的炒股练习平台，系统历经多次升级，技术已非常成熟。系统同时为用户提供 Web、客户端软件及手机三种方式进行炒股交易，行情与交易所实时同步，成交撮合、闭市清算流程与交易所完全一致。2008 年叩富网被上海证券交易所推荐为投资者教育训练网站。

2.3.1　叩富网注册与登录

1．模拟炒股班级注册

叩富网为团体提供免费模拟炒股比赛平台。授课教师可提前注册炒股班级，并自定义参赛规则，参赛本金，班级可以独立计算，单独排名，便于对学生进行管理与考核。

2．模拟炒股个人注册

步骤一，进入叩富网模拟交易网站 http://www.cofool.com/

步骤二，用自己个人学号注册用户名，并设定密码

2.3.2　模拟炒股操作

1．基本操作

登录叩富网模拟炒股系统后，在左侧栏可以看到与股票买卖操作相关的功能按钮，分别有"资金股票"、"买入"、"卖出"、"委托撤单"、"成交查询"和"历史成交"五个功能按钮。

（1）资金股票：资金股票页面中列出用户的资金信息和持股信息。

资金余额中，可用资金为用户当前可以用来买入股票的资金，资产总值为用户上一交易日清算后的可用资产与股票市值之和，即用户总资产。资金余额中各指标释义如下所述。

- 日盈率：用户上一交易日的日收益率；
- 周盈率：用户本周的周收益率；
- 月盈率：用户本月收益率；
- 日均赢利：自选手参赛日起，用户的总收益除以选手的参赛天数得到的平均每天的收益；

- 总盈利率：自选手参赛日起，用户的总收益率；
- 选股成功率：用户在本期比赛中获得了正收益的股票数占全部操作股票数中的比例；
- 周转率：用户总交易量相对于初始资金的比率，周转率越高则说明用户交易越活跃；
- 仓位：用户上一交易日清算后的股票市值占总资产的比例。

股票余额中列出来用户持有的股票，其中各项目释义如下所述。

- 拥股数：用户当前实际持有的股票数；可卖数：用户当前可以卖出的股票。按照交易所的交易规则，股票只能做 T+1 操作，即当天买入的股票只能在第二个交易日后卖出，因此，拥股数和可卖数不一定相同。权证可以做 T+0 操作。
- 买入成本：用户买入股票后的实际成交价加上手续费后的价格。注意，多次操作同一支股票时，成本价是多次操作的加权平均值。
- 盈亏成本：买入成本只记录了用户的实际买入价，而盈亏成本则综合考虑了用户的买入所支出的资金以及卖出股票所回收的资金。这个指标对专业选手通过做 T+0 来不断摊薄成本具有重要的参考意义。比如用户买入了 500 股，然后再卖出了 300 股，那么盈亏成本就是：（全部实际支出资金－全部实际回收资金+手续费）÷当前余下的股数。盈亏成本表示，用户在连续操作某支股票时，如果要盈利则必需以大于盈亏成本的价格卖出。当您在连续操作某支股票后，获利很多，此时，盈亏成本可能会变成负值。
- 累积浮动盈亏：表示用户在连续操作某支股票时的全部累积盈亏，会随着当前股票的价格实时变化，因此叫累积浮动盈亏。
- 保本价：保本价告诉我们，当以超过保本价的价格卖出持有的股票时，就能获利。保本价是股票的盈亏成本再加上卖出的手续费所计算出来的参考价格。

（2）买入股票。单击"买入"按钮，即可进入买入股票的操作界面。在该委托界面中，输入股票代码，然后单击"买入"进入下一步，再指定买入价格、买入数量后再次单击"买入"就可以提交买入股票的委托单。如果用户对股票代码不太熟悉，可以单击系统最上栏的"实时行情"，在实时行情中将交易所的全部股票分类列出，单击股票行中的"买"即可买入。也可以将实时行情中的某些股票加入你的自选股中，这样，在买入时，系统会自动列出你所关注的自选股，供你选择买入。

（3）卖出股票。单击"卖出"按钮，即可进入卖出股票的操作界面。在卖出委托界面中，系统自动列出了用户当前所持有的全部股票，单击相应股票行最后的"卖出"链接即可以进入卖出股票的下一步，然后再指定股票的卖出价格和卖出数量，再次单击"卖出"按钮即可以提交卖出委托单。

（4）委托撤单。单击"委托撤单"按钮即可进入撤单和委托查询操作界面。这里列出了用户本交易日清算前的所有委托记录，这些委托在没有成交前用户可以随时单击委托记录中的"撤单"来取消本笔委托操作。撤单成功后，买入委托冻结的资金或卖出委托冻结的股票会返回到用户账户下。用户如要再次委托买或卖，需要重新提交委托单，股票委托撤单不收取手续费佣金。

（5）成交查询。在成交查询界面中，列出了用户本交易日的所有股票成交记录（上一交易日的成交记录需要在历史成交中查询）。成交记录中包含了成交价，成交时间，手续费支出等信息。

（6）历史成交。在历史成交界面中，可以查询本交易日之前的所有用户委托成交记录。可以指定时间段查询，也可以指定股票来查询。单击界面中的"分红送股"还可以查询自己股票所得到的股票红利和红股记录。

2．股票实时行情查询

叩富网模拟炒股采用的股票行情信息和交易所实时同步，用户单击系统最上方的"实时行情"即可以查询股票实时行情数据，无需安装行情软件，方便快捷，还可以查看 K 线走势图。

在实时行情界面中，按指数、深圳 A 股、上海 A 股、权证、封闭基金、指数基金等六类对交易所的行情进行了分类。同时可以按股票当前价、当天涨跌幅、股票当天振幅、当天成交量、成交金额进行排序，找出当日强势股，弱势股。

在实时行情多股同列中，直接点股票代码或输入股票代码或股票名称就可以查询某支股票的详细行情信息，在股票的详细行情信息中，可以单击"即时走势图"或"K 线图"查看股票的走势图形。此外，在查看实时行情时，可以将关注的股票加入到自选股中，在股票代码栏输入"0000"即可以查询到所有的自选股信息。也可以直接单击买入或卖出买卖查看的股票。

3．高手操作查询

利用系统提供的"高手操作"可以实时查询各大赛组前十名高手的即时操作，实时掌握高手们的每一步操作，看看高手们是如何投资收益的。高手操作公开中列出了高手的用户名，所属组别，高手排名，所操作的股票名称、委托价、成交价、委托理由，这样方便其他用户查看学习。还可以直接将高手加为股友，给高手发站内邮件。

此外，高手操作中还有"高手热点股票"、"高手持股统计"等功能，"高手热点股票"中列出了各组高手们当天买入、卖出最多的前二十支股票，"高手持股统计"中则列出了各组高手中持仓股票中持有量最大的前二十支股票，这样便于用户统计当前最热点的股票，进行追踪学习。

和高手操作公开类似，在"委托公开"中列出了所有用户当天的交易记录供用户查看。

4．个人业绩报告使用指南

个人业绩报告是叩富网模拟炒股独创的个人炒股技能评估体系，提供了多个个人炒股技能评估指标，方便用户对自己的操作进行总结，回顾，纠偏，不断寻找最优操作方法。

（1）个人总资产涨跌趋势图。系统会自动根据用户每天的总资产变化来绘制个人总资产涨跌走势图，以图形的方式直接描述了用户总资产的增长走势，该走势图中还附加了同期沪深 300 指数的走势图。这样，用户就可以非常方便地将个人的资产走势与沪深 300 指数的走势进行对比，通过直观的比较来评估自己的操作方法是否能跑赢大盘走势。此外，系统还给出了用户上一交易日、上周、本月、自用户注册日起的资产增幅详细数值，并与沪深 300 指数上日、上周、本月的、自用户注册日起的增幅详细数值进行精确比较。

（2）段位制评级。系统通过对选手周盈率这一指标的分析来给用户定量评级，考核选手的连续赢利能力；用户起点均为初段，如果用户本周盈率超过 3%（含 3%），则加一段，反之则减一段。连续赢利能力能反映股票投资者的稳定性，如果能够持续稳定的赢利，哪怕每周只有 3% 的收益率，一年下来，收益也是非常可观的。因此，追求较高的段位评级可以作为用户的练习目标。

（3）选股成功率。系统通过对用户所操作过的所有股票进行分析，得出用户在股票操作中获得了正收益的股票数占全部操作股票数中的比例，定义为选股成功率，以此来反映选手的选股能力。

（4）月度勋章。为鼓励选手不断进步，当选手的月收益率达到 20%（含 20%）以上，选手将获得一枚星星勋章，五颗星星勋章将升级为一枚太阳勋章。

（5）股票累积收益明细：该项中列出来了用户所操作的全部股票的详细收益情况，可以查询某支股票的累积买入成本，累积盈亏成本，累积收益，累积分红送股情况，累积手续费支出，累积操作次数等数据。便于用户对自己的操作进行总结，回顾。

5．交易规则

（1）交易时间。叩富网模拟炒股接受 24 小时委托（清算时间除外），当日清算后的委托为第二天的委托。

清算时间：每日 15：00—17：00，清算时间内不允许下单委托。

撮合时间为正常交易日的交易时间：9：31—11：29，13：01—14：59。

注意：模拟系统与交易所实盘交易系统是同步的，因此在节假日实盘股市休市期间模拟系统只接受选手委托，但不会撮合成交。

（2）交易制度。交易品种仅限于深沪交易所所有挂牌交易的 A 股、指数基金、封闭基金和权证（如果您参加的大赛组别中大赛组委会限制了权证交易则以小组的大赛规则为准）。

清算同证券营业部基本一致。即证券 T+1，权证 T+0，资金 T+0。

股票交易手续费为 0.3%，权证为 0.15%。

（3）成交规则。买入，买入委托确认后，若实时行情中卖一最新价与申报价相同或更低，则此委托可成交，涨停不能买入。卖出，卖出委托确认后，若实时行情中买一最新价与申报价相同或更高，则此委托可成交，跌停不能卖出。

委托成交时，成交价为实时行情的最新价，客户委托数量全部成交。

关于分红送股：

① 本系统支持股票除权（送股、派息），送股与分红会在股票除权日第二天到账，用户登录模拟炒股系统后，在资金股票栏的持仓股票列表下方可以单击"查询分红送股"或在历史成交中点"分红送股"查询到分红、送股记录。

② 本系统不考虑配股的权息因素。参赛者如持有即将配股的股票，应及时在配股日前卖出，以免对您的成绩造成影响。

6．其他实用操作

（1）可随时查看其他同学（或选手）的股票持仓，当日炒股委托记录和历史操作记录。如果崇拜某个高手，更可将其添加为我的股友，实时追踪高手们的操作轨迹，跟着冠军去炒股，轻松盈利。

（2）委托公开。可通过"委托公开"功能查询所有参赛选手当日或历史某天的委托操作记录。还可以对当天或历史某天的交易记录进行汇总，找出当天或历史某天交易量最大、最活跃的股票，轻松选出热点股票。也可以对选手们的持仓股票进行汇总，轻松找出重仓股票。这些功能都将助您找出当前市场的热门股票、黑马股。

（3）我的股友。可以将关注的用户设置为你的股友，形成一个炒股"圈子"，在这个圈子中，大家可以互相排名，对股友操作进行追踪、汇总、分析股友持仓，并可实时在线交流。

（4）股民加油站。模拟炒股不仅提供了真实的炒股体验，更为初学者提供了内容丰富的股市入门、进阶教程和优秀的技术分析、实战技巧文章。力争提供一个全面系统的炒股学习、进阶平台。此外，"股市财经"还可供你随时了解当前最热点的财经信息，为你炒股提供分析素材。

（5）站内邮箱。模拟炒股为每位选手提供了站内邮箱，通过站内邮箱随时可以给其他选手发站内信息，与高手沟通更加便捷。

（6）个人炒股主页。模拟炒股为每位参赛选手提供了个人炒股主页，选手可以通过个人主页向朋友或在自己的博客中展示自己的实时操盘记录。

2.4　思考与练习

1. 股票集合竞价的原理是什么，怎么利用这种交易规则？

2. 什么是融资融券，它们有什么具体的操作要求？

3. 什么是股票交易的仓位管理策略，有哪些股票交易仓位管理方法，你觉得哪种更适合你？

4. 散户投资者偏好小盘股票，为什么？

第 3 实验单元　证券初级技术分析

3.1　实验概述

◆　**实验名称**

证券初级技术分析

◆　**实验目的**

通过掌握基本的技术分析方法，对证券市场指数及个股走势进行分析研判，作出交易决策。

◆　**实验工具**

东方财富通、同花顺、大智慧和通达信等证券行情分析软件。

3.2　实验理论基础

3.2.1　道氏理论

道氏理论是由美国道–琼斯公司的创办人查尔斯·亨利·道（Charles H. Dow）在 19 世纪末期创立的，是技术分析的理论基础。

1. 道氏理论的主要内容

（1）市场价格平均指数可以解释和反映市场的大部分行为。道氏理论认为收盘价是最重要的价格，并利用收盘价计算平均价格指数。目前，世界上所有的证券交易所计算价格指数的方法大同小异，都源于道氏理论。此外，道氏理论还提出市场价格涵盖一切信息的假设，至今仍是技术分析的一个基本假设。

（2）市场价格运动具有趋势。根据道氏理论，证券市场上的价格运动有三种趋势，即主要趋势（Primary Trend）、次要趋势（Secondary Trend）和短暂趋势（Near Term Trend）。

主要趋势是指价格广泛或全面性上升或下降的变动情形，看起来像大潮。这种趋势持续时间通常为一年或一年以上，价格上升（下降）的幅度超过 20%。对投资者来说，主要趋势持续上升就形成了多头市场，持续下降就形成了空头市场。

次级趋势经常与基本趋势的运动方向相反，并对其产生一定的牵制作用，因而也称为修正趋势，看起来像波浪。这种趋势持续时间从 3 周至数月不等，价格上升或下降的幅度一般为主要趋势的 1/3 或 2/3。

短期趋势反映价格在几天之内的变动情况，看起来像波纹。这种趋势持续时间一般不超过 3 周，波动幅度也更小。修正趋势通常由 3 个或 3 个以上的短期趋势所组成。

技术分析的目的就是要从逐日的价格波动中，撇去短期趋势，寻找次级趋势和主要趋势。一般来说，长期投资者最关心的是市场的主要趋势，其目的是想尽可能地在多头市场上买入证券，而在空头市场形成前及时地卖出证券。投机者则对市场的修正趋势比较感兴趣，以期获取短期利润。

（3）主要趋势有三个阶段。以股票市场上升趋势为例。第一个阶段为累积阶段。在该阶段中，尽管上市公司财务状况仍很一般，但聪明的投资者在捕捉到信息并进行分析的基础上开始买入股票，股价开始从最低水平回升，但股票交易还不很活跃。

第二个阶段为上升阶段。在这一阶段，上市公司盈余增加，更多的投资者参与股市，交易量扩大，股价持续上升并可维持较长一段时间。尽管总体趋势是上升的，但也存在股价修正和回落。

第三阶段为市场价格达到顶峰后出现的又一个累积期。在这一阶段，市场信息为众人所知，资金大量涌入，成交量剧增，股价快速上升。但股价水平已严重背离其内在价值，上升趋势将转化为下降趋势，并又回到累积期。

（4）两种平均价格指数必须互证。道·琼斯综合指数是由 20 种运输、30 种工业和 15 种公共事业三部分组成的。根据历史经验，其中工业和运输业两种分类指数数据较有代表性。因此，在判断主要趋势时，道氏理论更注重于分析运输业和工业两种指数的变动。其中任何单纯一种指数所显示的变动都不能作为断定趋势有效反转的信号，只有当运输业和工业两种指数都显示出主要趋势反转信号时，即互相印证时方可确认主要趋势反转。

（5）趋势必须得到交易量的确认。成交量会随着主要趋势的变化而变化。通常，在上升趋势中，价格上升，成交量增加；价格下跌，成交量减少。在下降趋势中，当价格滑落时，成交量增加；在反弹时，成交量减少。因此，在确定主要趋势时，必须看到成交量在主要趋势的方向上放大。

2．道氏理论评价

道氏理论自问世以来，经历了时间的考验，曾经数次在股票市场长期趋势的转折关头发出及时准确的信号，令很多人信服。道氏理论作为技术分析的理论基础，有它的合理性。首先，道氏理论具有合理的内核和严密的逻辑，指出了股市变动趋势与经济周期变动的联系，在一定程度上能对股市的未来变动趋势做出预测和判断。其次。依道氏理论编制的股票价格指数是反映经济周期变动的灵敏的晴雨表，被认为是最可靠的先导指标。再次，道氏理论对以后的技术分析法有着重大的影响，被认为是技术分析法的鼻祖。

但道氏理论也存在缺陷。第一，道氏理论主要关注大趋势，对次要趋势的判断作用不大，对每日每时都在发生的小波动更显得无能为力。第二，即使是对主要趋势的预测，道氏理论也无法预先精确地推断出股价变动的高峰和低谷，结论落后于价格变化，因而不能指明最佳的买卖时机。第三，道氏理论过于强调股价平均数，但股价平均数不等于整个股票市场，并非所有股票都与股价平均数同涨同跌，使得投资者无法把握具体的投资对象。

3.2.2 形态分析

股价是变化莫测的，有时直线上升后停留在某一价位上下波动，并随着量的不同变化构成种种图形，或再接再厉更上一层楼，或虎头蛇尾一落千丈，而图形分析就是要在这些图形变化中，找出买点和卖点，即选择合理的时机进场或退场。从这个意义上讲，技术分析适用于短线或长线投资，因为无论投资周期长短，都一定会有一个买进点。把各种图形归类后，从预示后市可能出现的趋势而言，可分为两大类：反转形态及整理形态。

1. 反转形态

所谓反转形态是指股价走势正在或即将发生重要的转折，在趋势上将发生方向性的变化。反转形态的种类较多，主要包括头肩形（又可分为头肩底/顶、三重底或多重底/顶、双底/顶）、V 形以及圆弧形等几种形态。

（1）头肩形。反转形态中，最为重要的是头肩形反转形态，即头肩顶和头肩底。现以头肩顶为例加以说明。

头肩顶是升势反转的形态，如图 3.2.1 所示。图形上有三个高峰，中间的高峰高于其余两个高峰，其形态犹如人的头与左右两肩。其市场含义为由升转跌的形态，即股价持续一段时间保持上升，并且成交量保持价增量增的特点，之后前期买进的人产生利润，便出现一个获利回吐的群体行为。股价出现回落，成交量也出现萎缩现象—形成左肩即第一个高峰。当股价回落到一定程度，再次出现股价的强劲上升市况，且股价高过前一高峰，此时成交量的高点可能低于第一峰时的最大成交量，出现价增量平的现象，股价再次回落，成交量在回落期间也相应减少，于是产生头部。当股价下跌接近上次回落的低点，再次获得支撑出现回升。但市场上已明显没有前两次的投资高潮，在尚未到达前一高峰时便产生回落，从而形成头肩顶形态。

这种头肩顶反转向下的道理与支撑线和压力线的内容有密切关系。图 3.2.1 左图的直线 I_1 和 I_2 是两条明显的支撑线。从 C 点到 D 点，突破直线 I_1 说明上升趋势的势头已经遇到了阻力，E 点到 F 点之间的突破则是趋势的转向。另外，E 点的反弹高度没有超过 C 点，也是上升趋势出了问题的信号。

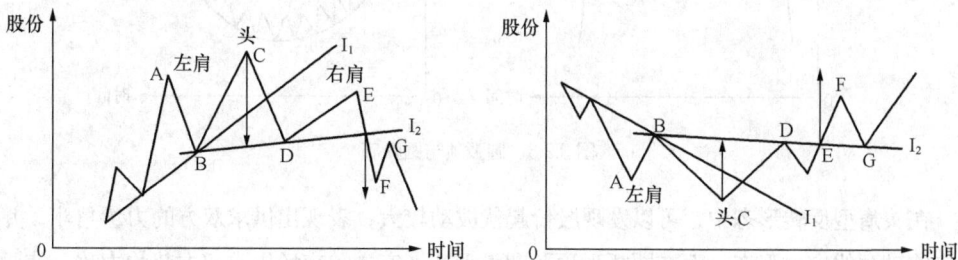

图 3.2.1 头肩顶与头肩底

直线 I_2 又称为颈线，在头肩顶图形中有着极为重要的意义。事实上，头肩顶形态走到 E 点并调头向下，只能说是原有的上升趋势已经转化成了横向延伸，还不能说已经反转向下了。只有当图形走到 F 点，即股价向下突破了颈线，才能说头肩顶反转形态已经形成。此时价格将继续下降，为卖出信号。

（2）V 形反转。V 形分 V 形顶和 V 形底两种，分别是反转形态中上升和下降幅度较大和速度较快的一种。V 形只有一个尖顶和一个尖底，如图 3.2.2 所示。投资者若能及时把握，那么利润差价相当可观；但是当 V 形形成的时候，股市已经上涨或是下跌一大截了。不过，V 形常会在顶部或底部形成一个小平台，给投资者一个及时辨认的机会。

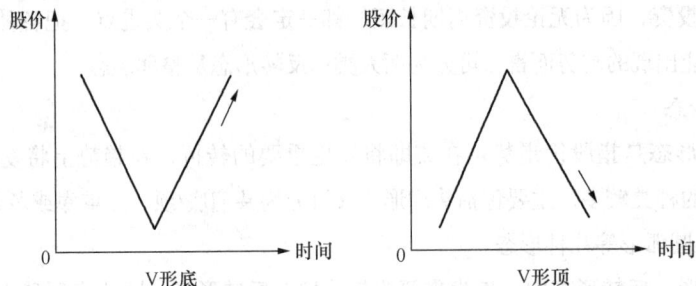

图 3.2.2　V 形底与 V 形顶

由于市场中卖方的力量很大，令股价稳定而又持续地挫落，当这股沽售力量消失之后，买方的力量完全控制整个市场，使得股价出现戏剧性的回升，几乎以与下跌时同样的速度收复所有失地，因此在图表上股价的运行，形成一个像 V 字般的移动轨迹。倒转 V 型情形则刚刚相反，市场看好的情绪使得股价节节攀升，可是突如其来的一个因素扭转了整个趋势，卖方以与上升时同样的速度下跌，形成一个倒转 V 型的移动轨迹。通常这形态是由一些突如其来的且投资者所不能预见的因素造成。

（3）圆弧形。圆弧形顶与圆弧形底也是两种极具威力的反转形态，如图 3.2.3 所示，投资者及市场分析人士均相当重视这种圆弧形图形的研判。

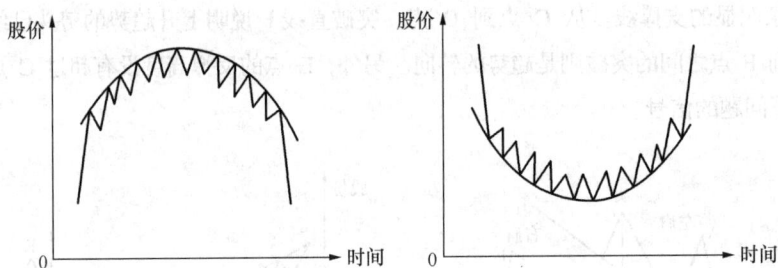

图 3.2.3　圆弧顶与圆弧底

在头肩型反转形态中，可以发现股价起伏波动较大，表现出供求双方的力量角斗，并在最终突破颈线完成形态。而在圆弧形顶及圆弧形底形态中，市场供求双方势均力敌，使股价维持一段时间的盘局，最终挣脱僵局出现向上或向下的反转行情。

圆弧形底形态中，股价在多空争夺下一路缓慢下跌并持续一段时间，大部分欲抛售的卖方筹码已不多，且由于股价较低，又不断引进买盘使股价上攀，形成了较典型的碗形或碟形股价走势。圆弧形底的成交量曲线，也应对于圆弧形底的走势，即在底中成交量最小，在股价上升力量形成后，成交量会有大幅增加。这种形态一般意味着一个巨大的升势即将开始，投资者可在成交量放大时作买进动作。

圆弧形顶的情况与上述圆弧形底相反。股价先是上涨，上涨到某一水平位置出现盘局，在一段时间内维持一定的高价。圆弧形顶的成交量曲线为：在股价上涨时，成交量相应增加，但接近圆弧顶部位时，成交量出现萎缩，待卖方力量日益明显地占据上风时，成交量放大，跌势形成。

2．整理形态

整理形态表明市场的趋势在目前的形态变化过程中不会发生变化，原来的趋势和方向仍将得以延续，目前可能只是一个暂时的休整过程。在实际股市中，往往在一个大的反转形态中包含了若干小的整理形态，而在大的整理形态中也可分解出几组反转形态，主要视分析者做长周期还是短周期分析而定。

（1）三角形。有时我们会看到，某一个股票上下起伏，但波动起落后会出现后一个高点比前一高点低，但回档的低点却步步抬高，用两根直线来连接股价，会得到一个对称三角形或称正三角。三角型可再分为对称三角形、上升三角形、下跌三角形。

对称三角形的形成，表明买卖双方的力量在该段价格区域内势均力敌，形成一个暂时平衡的状态。股价从第一个短期高点回落，但很快就被买方所消化，推动股价回升。不过多方对后市缺乏信心，表现在股价未能回升至上次高点已告掉头，又一次下跌，而在下跌过程中沽售的投资者不愿意低价贱售，因此回落压力不强，股价并未跌到上次低点便告回升，买卖双方观望性对峙造成股价上下波动日渐减小，形成了对称三角形形态。图 3.2.4 是对称三角形的简化图形。从图 3.2.4 中可以看出，对称三角形有两条聚拢的直线，上面的向下倾斜，起压力作用；下面的向上倾斜，起支撑作用。两直线的交点称为顶点。对称三角形一般应有六个转折点（见图中的 A、B、C、D、E、F 各点）。这样，上下两条直线的支撑与压力作用才能得到验证。

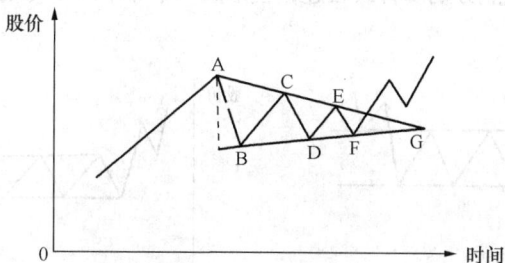

图 3.2.4　三角形整理

上升三角形是对称三角形的变形体。对称三角形上有上下两条直线，将上面的直线逐渐由向下倾斜变成水平方向就得到上升三角形。在对称三角形中，压力和支撑都是逐步加强的，一方越压越低，另一方是越撑越高，看不出谁强谁弱。而上升三角形的情形就不同了，压力是水平的，而支撑却是越撑越高。可见，上升三角形比较对称三角形而言，多方比空方更为积极。因此，上升三角形是看涨形态。图 3.2.5 所示为上升三角形的简化图形。

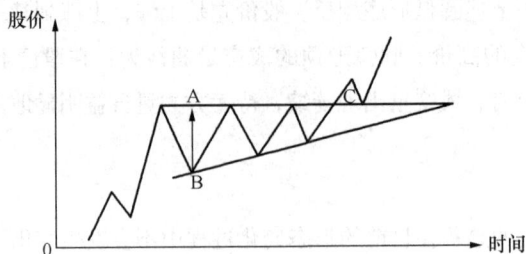

图 3.2.5　上升三角形整理

下降三角形的基本内容与上升三角形完全相似，但其市场含义恰恰相反，是看跌的形态，如图 3.2.6 所示。

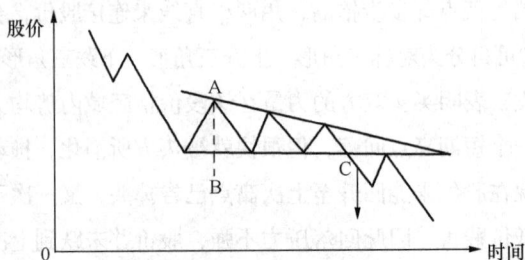

图 3.2.6　下降三角形整理

（2）矩形。矩形是股价在上下两条水平界线之间上下起伏所构成的技术形态。股价上升到某水平时遇到阻力，无法上升调头回落，但回落到某一低点又获支撑而回升。可是回到上次同一价位时又一次受阻，而挫落到上次低点时则再次得到支撑。这种振荡会持续一个阶段，这些短期高点和低点分别以直线相连，便形成一条非下降平行发展的通道—矩形，如图 3.2.7 所示。

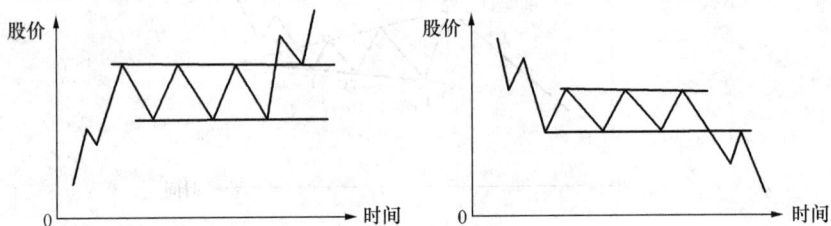

图 3.2.7　矩形整理

矩形表示一种实力相当的拉锯争斗。看好后市者在回落的低点买进，造成股价无法下跌的支撑力量；而不耐盘整看淡后市、认为股价无法上越前一价位者则纷纷沽售，形成总体上的牛皮市况，而市场主力处于观望之中。

（3）旗形。旗形走势就如同一面挂在旗杆上的旗帜，如图 3.2.8 所示，这种图形经常出现在急速、大幅变动的市况中，股价经过一连串紧密短期波动后，形成一个略与原走势呈反方向倾斜的平行四边形，这种图形又可再分为上升旗形与下降旗形。

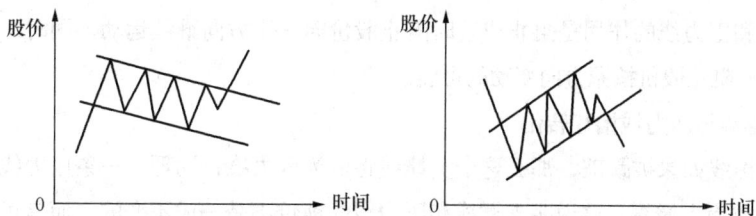

图 3.2.8　旗形整理

上升旗形。经过一段陡峭的上升行情后，股价走势形成了一个成交密集、向下倾斜的股价波动密集区域，把这一区域中的高点与低点分别连接在一起，就可看出一个下倾的平行四边行或称上升旗形。

下降旗形。当股价出现急速下跌行情后，接着形成一个波动区域紧密、稍向上倾的价格密集区域，分别把这一个区域中的高点、低点各自相连，即形成一个向上倾斜的四边形。

旗形的市场含义。在上升旗形中，先是投资人共同看好股市出现争购现象，促使股价上升到一个短期中的高点，原先买进股票者因上升产生利润而卖出了结。上升趋势受到阻力开始回落，但多数投资者依然看好后市，造成回落速度不快，幅度也不十分大，成交量有不断减少之状，反映做空力量不断减弱。经过一段时间的整理，在成交量的配合下，股价又沿着原来上升的方向急速上升，形成了"上升—整理—再上升"的规律。

下降旗形则恰恰与上述情形相反。

3. 从形态变化中看趋势

当投资者在股价变动过程中尝试用图形来概括时，就逐渐掌握了一种预测股市未来的工具。前面介绍的若干图形是股市常见形态。

在图形研判中，必须首先区别是反转形态还是整理形态，其中尤其要重视成交量的演变过程。必须指出：不论是短线还是中长线分析，反转形态的出现机会少于整理形态；向上突破发展必须有成交量的放大配合，而向下发展则不必。

此外，形态的演变与事物的发展过程一样，总是由量变引起质变的。股价不会不经整理过程就从一个反转形态进入另一个反转形态。如一个上升过程总是由下列形态组成的：由头肩底反转或圆底形反转等形态，冲破颈线再回抽确认颈线后开始拉出诸如上升旗形整理、对称三角形整等整理形态，中间时常还出现一些缺口，在向上发展末期，可能出现头肩顶图形、圆顶图形、M 头或岛形形态，对先前走势给予否定。同样，一个下探过程也须经过类似步骤。

3.2.3　压力和支撑

1. 支撑线和压力线的作用

支撑线（support line）又称为抵抗线。当股价跌到某个价位附近时，股价停止下跌，甚至有可能还有回升。这个起着阻止股价继续下跌或暂时阻止股价继续下跌的价格就是支撑线所在的位置。

压力线（resistance line）又称为阻力线。当股价上涨到某价位附近时，股价会停止上涨，甚至回落。这个起着阻止或暂时阻止股价继续上升的价位就是压力线所在的位置。

支撑线和压力线的作用是阻止或暂时阻止股价向一个方向继续运动。同时，支撑线和压力线又有彻底阻止股价按原方向变动的可能。

2．支撑线与压力线相互转化

一条支撑线如果被跌破，那么这个支撑线将成为压力线；同理，一条压力线被突破，这个压力线将成为支撑线。这说明支撑线和压力线的地位不是一成不变的，而是可以改变的，条件是它被有效的足够强大的股价变动突破。一般来说，穿过支撑或压力线越远，突破的结论越正确，越值得相信。

3．支撑线和压力线的确认

一般来说，一条支撑线或压力线对当前影响的重要性有三个方面的考虑，一是股价在这个区域停留时间的长短；二是股价在这个区域伴随的成交量大小；三是这个支撑区域或压力区域发生的时间距离当前这个时期的远近。

4．支撑线和压力线的形成

常见的支撑线和压力线一般会出现在前收盘，今开盘、前高点、前低点、均线位置、整数关口等价位。

3.2.4　常用技术指标

技术指标是对价格的波动进行量化后得出的较为抽象的价格走势分析工具，种类较多，各有侧重。应用技术指标时应注意以下几个问题：①指标的背离，即指标的走向与价格走向不一致。②指标的交叉，即指标中的两条线发生了相交现象，常说的金叉和死叉就属这类情况。③指标的位置，即指标处于高位和低位或进入超买区和超卖区。④指标的转折，即指标的曲线发生了调头，有时是一个趋势的结束和另一个趋势的开始。⑤指标的钝化，即在一些极端的市场情况下指标已失去了作用。

1．指数平滑异同平均线

指数平滑异同平均线（MACD）指标又叫指数平滑异同移动平均线，如图 3.2.9 所示，是由查拉尔·阿佩尔（Gerald Apple）所创造的，是一种研判股票买卖时机、跟踪股价运行趋势的技术分析工具。

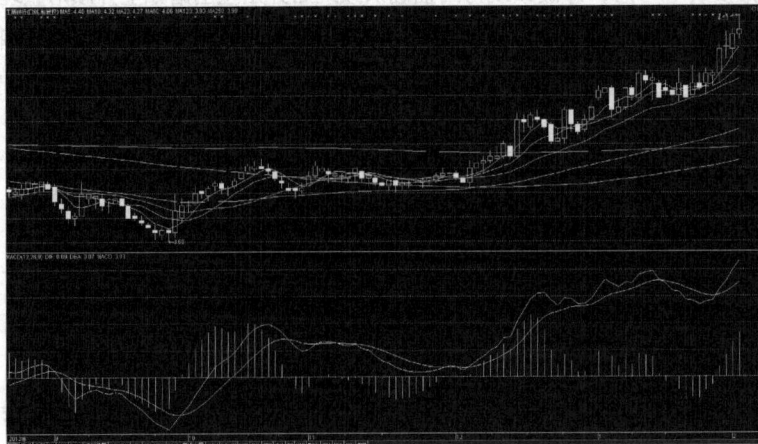

图 3.2.9　指数平滑异同平均线（MACD）

（1）MACD 指标的构造原理。MACD 指标是根据均线的构造原理，对股票价格的收盘价进行平滑处理，求出算术平均值以后再进行计算，是一种趋向类指标。

MACD 指标是运用快速（短期）和慢速（长期）移动平均线及其聚合与分离的征兆，加以双重平滑运算。而根据移动平均线原理发展出来的 MACD，一是去除了移动平均线频繁发出假信号的缺陷，二是保留了移动平均线的效果，因此，MACD 指标具有均线趋势性、稳重性、安定性等特点，是用来研判买卖股票的时机，预测股票价格涨跌的技术分析指标。

MACD 指标主要是通过 EMA、DIF 和 DEA 这三者之间关系的研判，DIF 和 DEA 连接起来的移动平均线的研判以及 DIF 减去 DEM 值而绘制成的柱状图（BAR）的研判等来分析判断行情，预测股价中短期趋势的技术分析指标。其中，DIF 是核心，DEA 是辅助。DIF 是快速平滑移动平均线（EMA1）和慢速平滑移动平均线(EMA2)的差。BAR 柱状图在股市技术软件上是用红柱和绿柱的收缩来研判行情。

（2）MACD 指标的计算方法。MACD 在应用上，首先计算出快速移动平均线（即 EMA1）和慢速移动平均线（即 EMA2），以此两个数值，作为测量两者（快慢速线）间的离差值（DIF）的依据，然后再求 DIF 的 N 周期的平滑移动平均线 DEA（也叫 MACD、DEM）线。以 EMA1 的参数为12日，EMA2 的参数为26日，DIF 的参数为9日为例来了解 MACD 的计算过程。

① 计算12、26日移动平均值（EMA）。

EMA（12）=前一日 EMA（12）×11/13 + 今日收盘价×2/13

EMA（26）=前一日 EMA（26）×25/27 + 今日收盘价×2/27

② 计算离差值（DIF）。

DIF=今日 EMA（12）– 今日 EMA（26）

③ 计算 DIF 的9日 EMA。

根据离差值计算其9日的 EMA，即离差平均值，是所求的 MACD 值。为了不与指标原名相混淆，此值又名 DEA 或 DEM。计算出的 DIF 和 DEA 的数值均为正值或负值。

今日 DEA(MACD)=前一日 DEA×8/10 + 今日 DIF×2/10

理论上，在持续的涨势中，12日 EMA 线在26日 EMA 线之上，其间的正离差值（+DIF）会越来越大；反之，在跌势中离差值可能变为负数（–DIF），也会越来越大，而在行情开始好转时，正负离差值将会缩小。指标 MACD 正是利用正负的离差值（±DIF）与离差值的 N 日平均线（N日EMA）的交叉信号作为买卖信号的依据，即再度以快慢速移动线的交叉原理来分析买卖信号。另外，MACD 指标在股市软件上还有个辅助指标——BAR 柱状线，其公式为：BAR=2×（DIF – DEA），可以利用 BAR 柱状线的收缩来决定买卖时机。

离差值 DIF 和离差平均值 DEA 是研判 MACD 的主要工具。其计算方法比较烦琐，由于目前这些计算值都会在股市分析软件上由计算机自动完成，因此，投资者只要了解其运算过程即可，而更重要的是掌握它的研判功能。另外，和其他指标的计算一样，由于选用的计算周期的不同，MACD 指标也包括日、周、月、年指标以及分钟指标等各种类型。经常被用于股市研判的是日指标和周指标。将各点的 DIF 和 DEA（MACD）连接起来就会形成在零轴上下移动的两条快速（短期）和慢速（长期）线，此即为 MACD 图。

（3）MACD 指标的一般研判标准。MACD 指标的一般研判标准主要是围绕快速和慢速两条均线及红、绿柱线状况和它们的形态展开。一般分析方法主要包括 DIF 和 MACD 值及它们所处的位置、DIF 和 MACD 的交叉情况、红柱状的收缩情况和 MACD 图形的形态这四个大的方面分析。

① DIF 和 MACD 的值及线的位置。

当 DIF 和 MACD 均大于 0（即在图形上表示为它们处于零线以上）并向上移动时，一般表示为股市处于多头行情中，可以买入或持股；

当 DIF 和 MACD 均小于 0（即在图形上表示为它们处于零线以下）并向下移动时，一般表示为股市处于空头行情中，可以卖出股票或观望。

当 DIF 和 MACD 均大于 0（即在图形上表示为它们处于零线以上）但都向下移动时，一般表示为股票行情处于退潮阶段，股票将下跌，可以卖出股票和观望；

当 DIF 和 MACD 均小于 0 时（即在图形上表示为它们处于零线以下）但向上移动时，一般表示为行情即将启动，股票将上涨，可以买进股票或持股待涨。

② DIF 和 MACD 的交叉情况。

当 DIF 与 MACD 都在零线以上，而 DIF 向上突破 MACD 时，表明股市处于一种强势之中，股价将再次上涨，可以加码买进股票或持股待涨，这就是 MACD 指标"黄金交叉"的一种形式。

当 DIF 和 MACD 都在零线以下，而 DIF 向上突破 MACD 时，表明股市即将转强，股价跌势已尽，将止跌朝上，可以开始买进股票或持股，这是 MACD 指标"黄金交叉"的另一种形式。

当 DIF 与 MACD 都在零线以上，而 DIF 却向下突破 MACD 时，表明股市即将由强势转为弱势，股价将大跌，这时应卖出大部分股票而不能买股票，这就是 MACD 指标的"死亡交叉"的一种形式。

当 DIF 和 MACD 都在零线以上，而 DIF 向下突破 MACD 时，表明股市将再次进入极度弱市中，股价还将下跌，可以再卖出股票或观望，这是 MACD 指标"死亡交叉"的另一种形式。

③ MACD 指标中的柱状图分析。

在分析软件中通常采用 DIF 值减 DEA 值而绘制成柱状图，用红柱状和绿柱状表示，红柱表示正值，绿柱表示负值。用红绿柱状来分析行情，既直观明了又实用可靠。

当红柱状持续放大时，表明股市处于牛市行情中，股价将继续上涨，这时应持股待涨或短线买入股票，直到红柱无法再放大时才考虑卖出。

当绿柱状持续放大时，表明股市处于熊市行情之中，股价将继续下跌，这时应持币观望或卖出股票，直到绿柱开始缩小时才可以考虑少量买入股票。

当红柱状开始缩小时，表明股市牛市即将结束（或要进入调整期），股价将大幅下跌，这时应卖出大部分股票而不能买入股票。

当绿柱状开始收缩时，表明股市的大跌行情即将结束，股价将止跌向上（或进入盘整），这时可以少量进行长期战略建仓而不要轻易卖出股票。

当红柱开始消失、绿柱开始放出时，这是股市转市信号之一，表明股市的上涨行情

（或高位盘整行情）即将结束，股价将开始加速下跌，这时应开始卖出大部分股票而不能买入股票。

当绿柱开始消失、红柱开始放出时，这也是股市转市信号之一，表明股市的下跌行情（或低位盘整）已经结束，股价将开始加速上升，这时应开始加码买入股票或持股待涨。

2. 相对强弱指数

相对强弱指数（RSI）是通过比较一段时期内的平均收盘涨数和平均收盘跌数来分析市场买卖盘的意向和实力，从而判断未来市场的走势，如图 3.2.10 所示。

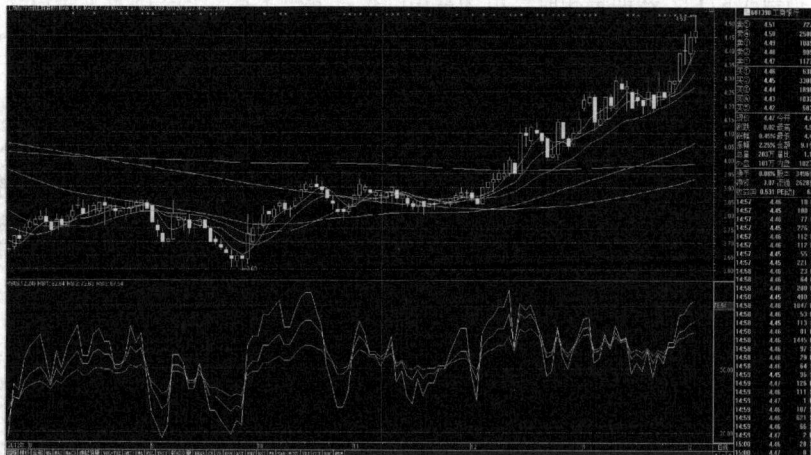

图 3.2.10　相对强弱指数（RSI）

（1）计算公式和方法。

$$RSI = \frac{上升平均数}{上升平均数 + 下跌平均数} \times 100$$

式中，上升平均数是在某一段时间上升数的平均，而下跌平均数则是在同一段时间下跌数的平均。

RSI 的参数是天数 n，一般取 5 日、9 日、14 日等，RSI 的取值范围为 0～100。

（2）运用原则。RSI 取值大于 50，表示市场强势；反之，RSI 取值小于 50，表示市场弱势。可根据 RSI 取值落入的区域判断市场特征，并进行操作，如表 3.2.1 所示。

表 3.2.1　RSI 不同取值下的市场特征与买卖策略

RSI 值	市场特征	买卖策略
80～100	极强	卖出
50～80	强	买入
20～50	弱	卖出
0～20	极弱	买入

（3）每种股票的超卖超买值是不同的。一般而言，蓝筹股的强弱指数若是 80，便属超买，若是 30 便属超卖。至于二三线股，强弱指数若是 85 至 90，便属超买，若是 20～

25，便属超卖。但不能硬性地以上述数值判定蓝筹股或二三线股是否属于超买或超卖。某些股票有自己特有的超买/卖水平。比较说来，股价反复的股票，通常超买的数值较高（90~95），超卖的数值亦较低（10~15）；而股价表现较稳定的股票，超买的数值则较低（65~70），超卖的数值较高（35~40）。因此对一只股票采取买/卖行动前，一定要先找出该只股票的超买/超卖水平。至于衡量一只股票的超买/超卖水平，可以参考该股票过去 12 个月之强弱指标记录。

3．随机指数

随机指数（KD），是期货和股票市场常用的技术分析工具。它在图表上是由％K和％D两条线所形成，因此也简称 KD 线，如图 3.2.11 所示。

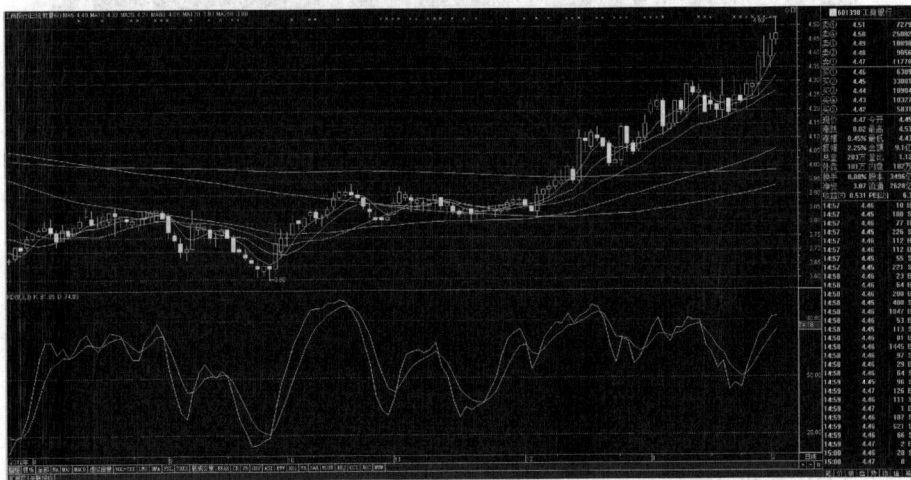

图 3.2.11　随机指数（KD）

（1）计算方法。随机指数可以选择任何一种日数作为计算基础，例如五日 KD 线公式为

$$K值 = \frac{C - L_5}{H_5 - L_5} \times 100$$

$$D值 = \frac{H_3}{L_3} \times 100$$

式中，C 为最后一日收市价；L_5 为最后五日内最低价；H_5 为最后五日内最高价；H_3 为最后三个 $(C - L_5)$ 数的总和；L_3 为最后三个（$H_5 - L_5$）数的总和。

由公式可知，计算出来的 KD 是一个 0－100 的数。将得到的数都划在图上，通常 K 线是用实线代表，而 D 线就用虚线代表。

以上为原始计算方法，亦有改良的公式。将旧的 K 线取消，D 线变为 K 线；三日平均线代替 D 线。

（2）运用原则。随机指数是用％K、％D 两条曲线构成的图形关系来分析研判价格走势，旨在反映市场的超买超卖、走势背离现象以及％K 与％D 相互交叉突破等现象，从而预示中期或者短期走势的到顶与见底过程。其具体应用法则如下：

① 超买超卖区域的判断——％K 值在 80 以上、％D 值在 70 以上为超买的一般标准。

％K值在 20 以下、％D值在 30 以下，为超卖的一般标准。

② 背离判断——当股价走势一峰比一峰高时，随机指数的曲线一峰比一峰低，或股价走势一底比一底低时，随机指数曲线一底比一底高，这种现象被称为背离。随机指数与股价走势产生背离时，一般为转势的讯号，表明中期或短期走势已到顶或见底，此时应选择正确的买卖时机。

③ ％K线与％D线交叉突破判断——当％K值大于％D值时，表明当前是一种向上突破的趋势。因此，当％K线从下向上突破％D线时，是买进的讯号。反之，当％D值大于％K值，表明当前的趋势向下跌落。因此，当％K线从上向下跌破％D线时，是卖出讯号。

％K线与％D线的交叉突破，在 80 以上或 20 以下较为准确。ＫＤ线与相对强弱指数不同之处在于，它不仅能够反映市场的超买或超卖程度，还能通过交叉突破获得买卖讯号。但当这种交叉突破在 50 左右发生，走势又陷入盘局时，买卖讯号应视为无效。

4．乖离率

乖离率（BIAS）是测算股价与移动平均线出现偏离的程度的指标，其基本原理为：如果股价偏离移动平均线太远，不管是在移动平均线之上或之下，都有可能趋向平均线，如图 3.2.12 所示。

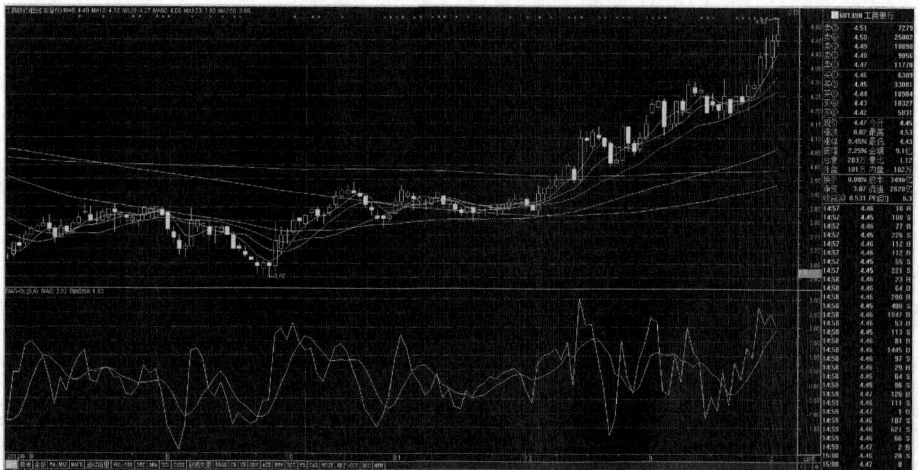

图 3.2.12　乖离率（BIAS）

（1）计算公式为

$$BIAS = \frac{\text{当日收盘价} - n\text{日的运动平均数}}{n\text{日的运动平均数}} \times 100\%$$

其中，n 日为设定的参数，一般分为 5 日，10 日，20 日和 60 日。

（2）运用原则。乖离率分正乖离和负乖离。当股价在移动平均线之上时，其乖离率为正，当股价在移动平均线之下时，其乖离率为负，当股价与移动平均线一致时，乖离率为 0。随着股价走势的强弱和升跌，乖离率周而复始地穿梭于 0 点的上方和下方，利用其取值的大小可以判断未来的走势。一般而言，正乖离率涨至某一百分比时，表示短期内多头获利回吐可能性越大，呈卖出讯号；负乖离率降到某一百分比时，表示空头回补的可能性越大，呈买入信号。

由于股价相对于不同日数的移动平均线有不同的乖离率，除去暴涨或暴跌会使乖离率瞬间达到高百分比外，短、中、长线的乖离率一般均有规律可循。表 3.2.2 所示为不同日数移动平均线达到买卖讯号要求的参考数据。具体应用时需根据实际情况对它们进行适当的调整。

表 3.2.2 乖离率不同取值下的买卖信号

	买入信号（%）	卖出信号（%）
5 日	−3	3.5
10 日	−4	5
20 日	−7	8
60 日	−10	10

5. 能量潮

在个股 K 线图界面附图单击技术指标英文简称即可进入，如图 3.2.13 所示。能量潮（OBV）是将成交量值予以数量化，制成趋势线，配合股价趋势线，从价格的变动及成交量的增减关系，推测市场气氛。OBV 的理论基础是市场价格的变动必须有成交量配合，价格升降而成交量不相应升降，则市场价格的变动难以继续。

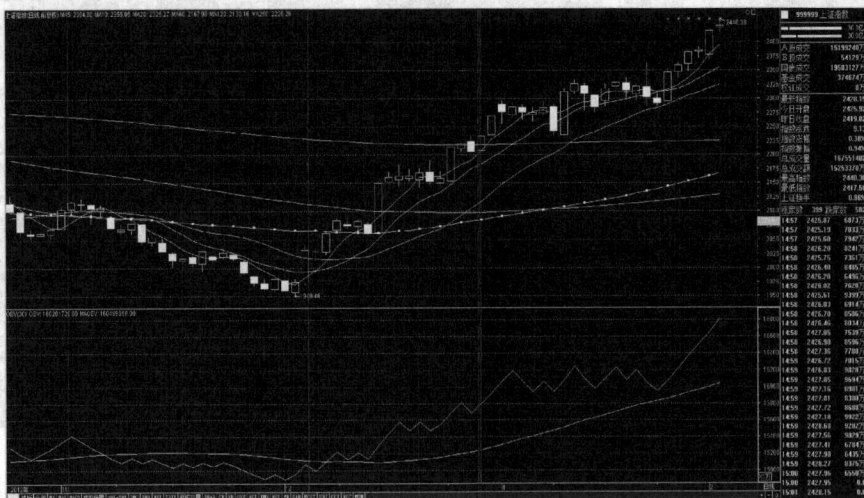

图 3.2.13 能量潮（OBV）

（1）计算方法。逐日累计每日上市股票总成交量，当天收市价高于前一日时，总成交量为正值，反之，为负值，若平盘，则为零，即：

当日 OBV = 前一日的 OBV ± 今日成交量

然后将累计所得的成交量逐日定点连接成线，与股价曲线并列于一图表中，观其变化。

（2）运用原则。OBV 线的基本理论基于股价变动与成交量值间的相关系数极高，且成交量值为股价变动的先行指标，短期股价的波动与公司业绩兴衰并不完全吻合，而是受人气的影响，因此从成交量的变化可以预测股价的波动方向。

① 当股价上涨而 OBV 线下降时，表示能量不足，股价可能将回跌。

② 当股价下跌而 OBV 线上升时，表示买气旺盛，股价可能即将止跌回升。

③ 当股价上涨（下降）而 OBV 线同步缓慢上升（下降）时，则认可当前的上涨（下降）趋势。

④ 当 OBV 线暴升，不论股价是否暴涨或回跌，表示能量即将耗尽，股价可能止涨反转。

6. 腾落指数

腾落指数（ADL）是以股票每天上涨或下跌之数量作为计算与观察的对象，通过简单算术加减来比较每日上涨股票和下跌股票家数的累积情况，形成升跌曲线，以了解股票市场人气的盛衰，研判股市未来动向，如图 3.2.14 所示。

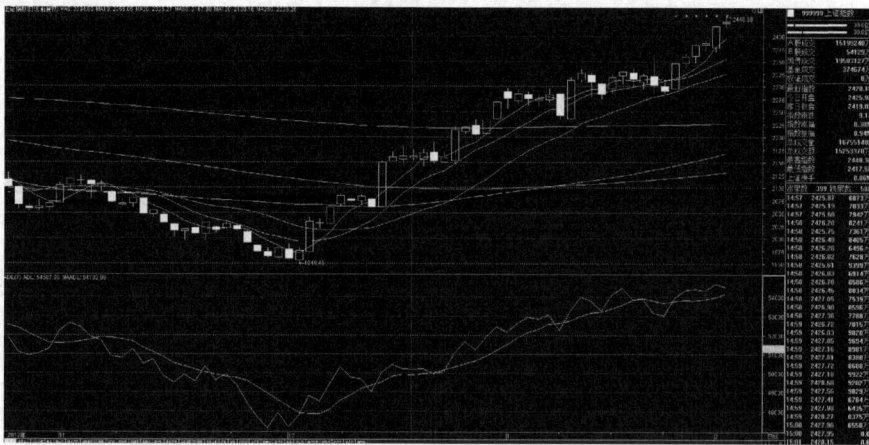

图 3.2.14　腾落指数（ADL）

（1）计算方法。将每天收盘价上涨股票家数减去收盘价下跌的股票家数（无涨跌不计）后得累积值 t。

$$ADL(t) = \sum_{i=1}^{t}(上涨家数 - 下跌家数)$$

起始日期为 $ADL(1)$，目前日期为 $ADL(t)$。

（2）运用原则。腾落指数的作用与股价指数类似，旨在反映大势的动向与趋势，不对个股的涨跌提供信号。但股价指数在一定情况下会受制于权值大的股票，即当权值大的股票发生暴涨与暴跌时，股价指数有可能反应过度，从而给投资者提供不实的信息，而腾落指数则可以弥补这一类缺陷。

由于腾落指数与股价指数的关系比较密切，观察图形时应将两者联系起来共同分析。一般情况下，股价指数上涨，腾落指数亦上升，或两者皆跌，则可以对升势或跌势进行确认。如若股价指数大动而腾落指数横行，或两者反方向波动，不可互相印证，说明大势不稳，宜作静观。

具体来说有以下 6 种情况。

① 股价指数持续上涨，腾落指数亦上升，股价可能仍将继续上升。

② 股价指数持续下跌，腾落指数亦下降，股价可能仍将继续下跌。

③ 股价指数上涨，而腾落指数下降，股价可能回跌。

39

④ 股价指数下跌，而腾落指数上升，股价可能回升。

⑤ 股市处于多头市场时，腾落指数呈上升趋势，其间如果突然出现急速下跌现象，接着又立即扭头向上，创下新高点，则表示行情可能再创新高。

⑥ 股市处于空头市场时，腾落指数呈现下降趋势，其间如果突然出现上升现象，接着又回头，下跌突破原先所创低点，则表示另一段新的下跌趋势产生。

3.3 实验内容

3.3.1 单一技术分析方法选股

请按下列要求进行选股操作或分析。

（1）运用道氏理论分析目前上证综指走势。

（2）运用形态分析理论找到可以买入的 3 只股票、可以卖出的 3 只股票。

（3）选择 3 只股票，试画出其支撑线与压力线。

（4）分别使用 MACD、DK、RSI、BIAS、OBV 等指标选择股票，使用 ADL 指数分析大盘走势。

3.3.2 波浪理论的简单应用

请结合道式理论、形态分析、平均线等理论学习波浪理论，并对大盘走势进行分析。

波浪理论（Wave Principle）的创始人为拉尔夫·纳尔逊·艾略特（R. N. Elliott），它是一种价格趋势分析工具，是一套完全靠观察得来的规律，可用以分析股市指数、价格的走势，它也是世界股市分析上运用较多的分析工具。艾略特认为，不管是股票还是商品价格的波动，都与大自然的潮汐、波浪一样，一浪跟着一波，周而复始，具有相当程度的规律性，展现出周期循环的特点，任何波动均有迹可循。因此，投资者可以根据这些规律性的波动预测价格未来的走势，在买卖策略上实施适用。

波浪理论的基本特点如下。

（1）股价指数的上升和下跌将会交替进行。

（2）推动浪和调整浪是价格波动两个最基本型态，而推动浪（即与大市走向一致的波浪）可以再分割成五个小浪，一般用第 1 浪、第 2 浪、第 3 浪、第 4 浪、第 5 浪来表示，调整浪也可以划分成三个小浪，通常用 A 浪、B 浪、C 浪表示。

（3）在上述八个波浪（五上三落）完毕之后，一个循环即告完成，走势将进入下一个八波浪循环。

（4）时间的长短不会改变波浪的形态，因为市场仍会依照其基本型态发展。波浪可以拉长，也可以缩细，但其基本型态永恒不变，如图 3.3.1 所示。

（5）波浪之间的比例。波浪理论推测股市的升幅和跌幅采取费波那契数列和黄金分割率去计算。

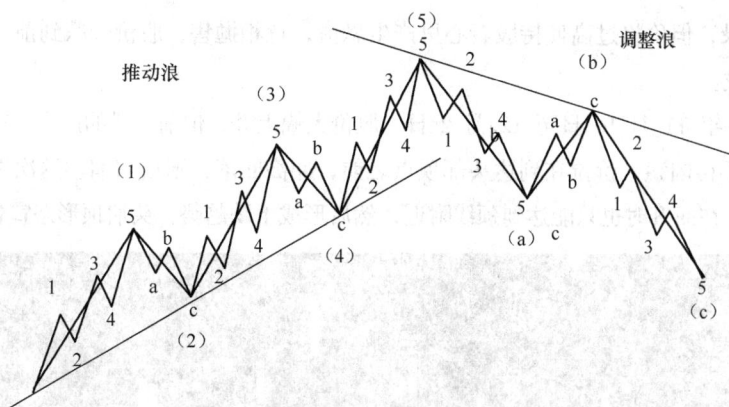

图 3.3.1 波浪理论

波浪理论的几个基本的要点。

（1）一个完整的循环包括八个波浪，五上三落。

（2）波浪可合并为高一级的浪，亦可以再分割为低一级的小浪。

（3）1、3、5 三个推动浪中，第 3 浪不可以是最短的一个波浪。

（4）费波那契数列和黄金分割率数字组合是波浪理论的数据基础。

（5）经常遇见的回吐比率为 0.382、0.5 及 0.618。

（6）如果回吐幅度超过 45%，表明 0.382 的支撑或阻力已经失去作用；当调整幅度超过 70% 时，表明 0.618 防线宣告失守；具体操作时应当及时设置止损点。

（7）第四浪的底不可以低于第一浪的顶。

（8）波浪理论包括三部分：型态、比率及时间，其重要性以排行先后为序。

（9）波浪理论主要反映群众心理。越多人参与的市场，其准确性越高。

3.3.3 多种技术分析方法综合运用

综合运用平均线、K 线、形态分析、技术指标等多种方法对大盘走势进行分析。本实验以中国联通分析为例。[①]

1．形态理论分析

（1）如图 3.3.2 所示，2011 年 9 月 20 日至 10 月 14 日（日 K 线图）中国联通股价形态为顶部 V 形反转，2011 年 9 月 20 日至 10 月 10 日为股价上升阶段，此时有成交量增加的配合；2011 年 10 月 10 日至 10 月 14 日为股价下降阶段，则不必有成交量的配合，在 2011 年 10 月 10 日这个转折点必须有明显成交量的配合。

（2）2011 年 10 月 14 日到 12 月 7 日（日 K 线图）期间股价走势形态为头肩顶，此形态为可靠的卖出时机，尤其是在 12 月 2 日后，价格穿透颈线，即表明形态已被确认，市况将反转下跌。

① 2011 年 10 月 14 日至 10 月 24 日，很可能是股价长期上升后，成交量大幅上升，获利回吐压力亦增加，导致股价回落，成交量大幅下降，左肩形成。

② 2011 年 10 月 24 日至 11 月 16 日，股价回升，突破左肩之顶点，成交量亦可能因充分

① 技术分析案例源自"MBA 智库"（www.mablib.com）。本教材有删减。对佚名作者表示谢意！

换手而创纪录，但价格过高使持股者心里产生恐慌，竞相抛售，股价会跌到前一低点水准附近，头部形成。

③ 2011 年 11 月 16 日至 12 月 2 日，股价大幅上升，但前一段的巨大成交量将不再重现，涨势亦不再凶猛，价位在到达头部顶点之前，冲高回落，形成右肩。这次下跌，股价急速穿过颈线，在回升时也只能达到颈线附近，然后形成下跌趋势，头肩顶形态宣告完成。

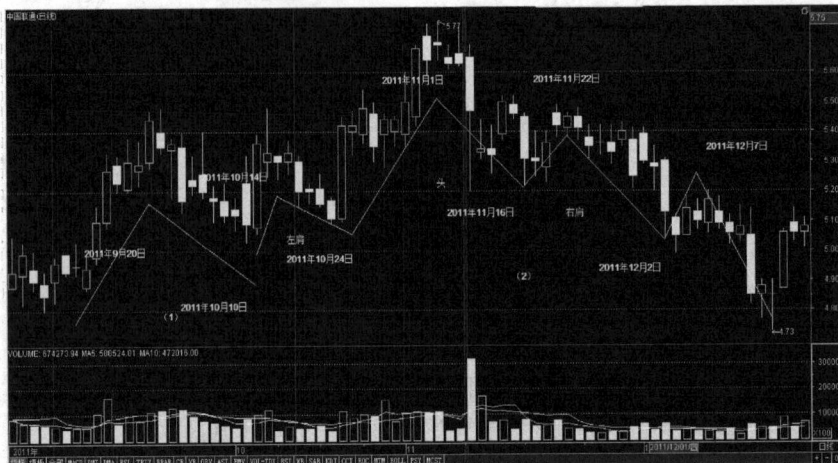

图 3.3.2　V 形与头肩顶形态（中国联通）

2．趋势线分析

由图 3.3.3 可知，2011 年 11 月 10 日至 12 月 26 日（日 K 线图）的股价在支撑线与压力线之间波动，没有突破，图中两条线为该股轨道线，大盘在此期间呈下降趋势，即趋势线为下降通道。

大盘在 2011 年 11 月 10 日轻触下轨而后向上轻弹，在 12 月 1 日轻触上轨而又向下轻弹，12 月 16 日又轻触下轨而后向上轻弹，但是到 12 月 26 日股票突破上轨道线而持续数日成阳线并有陡峭向上攀升之势，中间略有降幅，属小幅回荡，大体形势看好，后世仍须谨慎观察。

图 3.3.3　上升通道（中国联通）

3．波浪理论分析

如图 3.3.4 所示为八浪循环周期图（日 K 线图），1、2、3、4、5 浪为推动浪，a、b、c 浪为调整浪，推动浪中的 1、3、5 浪为上升浪，2、4 浪为修正浪，其中 2 浪是对 1 浪的修正，4 浪是对 3 浪的修正，而 a、b、c 浪却是对 1、2、3、4、5 浪的修正。

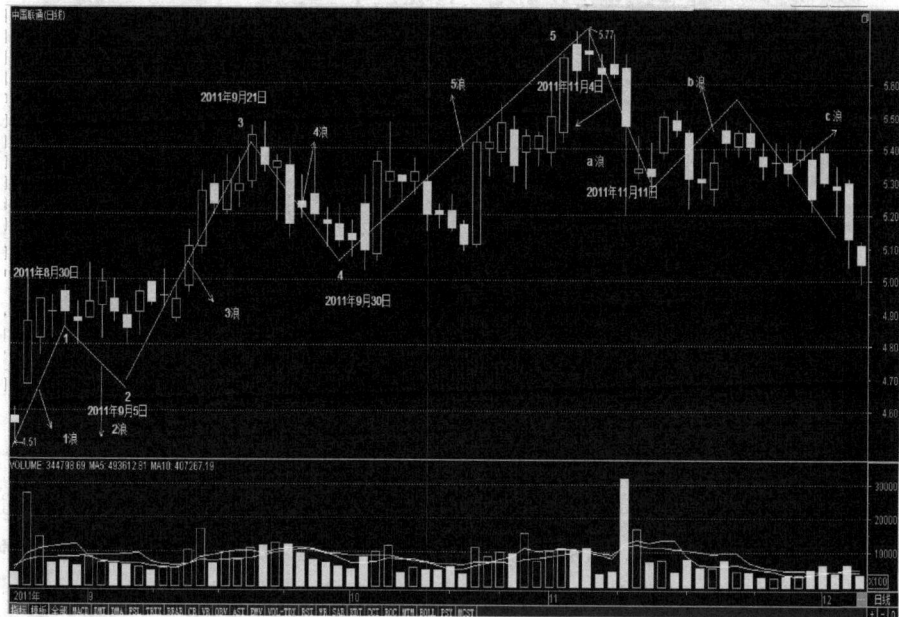

图 3.3.4　波浪结构（中国联通）

（1）第 1 浪出自空头市场末期，市场卖方力量上不强大，因而往往回档的幅度很深。

（2）第 2 浪以下跌形态出现，使市场误以为熊市尚未完结，因而调整幅度很大，几乎吃掉第 1 浪的升幅。

（3）第 3 浪是最具爆发力的上升浪。行情走势激烈，视窗热气沸腾，各种阻力点位和关卡，均能轻松度过，显示强烈买进信号。

（4）第 4 浪为下跌调整浪，通常以复杂形势出现。

（5）第 5 浪通常小于第 3 浪，此时市场情绪高涨，但已孕育危机。

（6）a 浪以下跌形式出现，宣告上升趋势的完结，仅为回档。a 浪的技术分析往往出现背离。

（7）b 浪以上升趋势出现，是多头最后的逃命机会。

（8）c 浪是破坏力极强的下跌浪，其跌幅极深，延续时间之长，往往超过预期。

4．均线理论

如图 3.3.5 所示，2011 年 11 月 25 日至 12 月 16 日（日 K 线图）的 5 日、10 日、20 日均线总体均为下降趋势的均线，其中 2011 年 11 月 25 日至 12 月 6 日为第一个下降阶段，2011 年 12 月 6 日至 12 月 16 日为第二个下降阶段。

图中整体呈现平稳下降状态，成交量持平稳状态，这说明此股正处于减仓时期；又因 60 日均线有向上扬趋势，所以 2011 年 12 月 16 日后有可能出现反弹或走高。

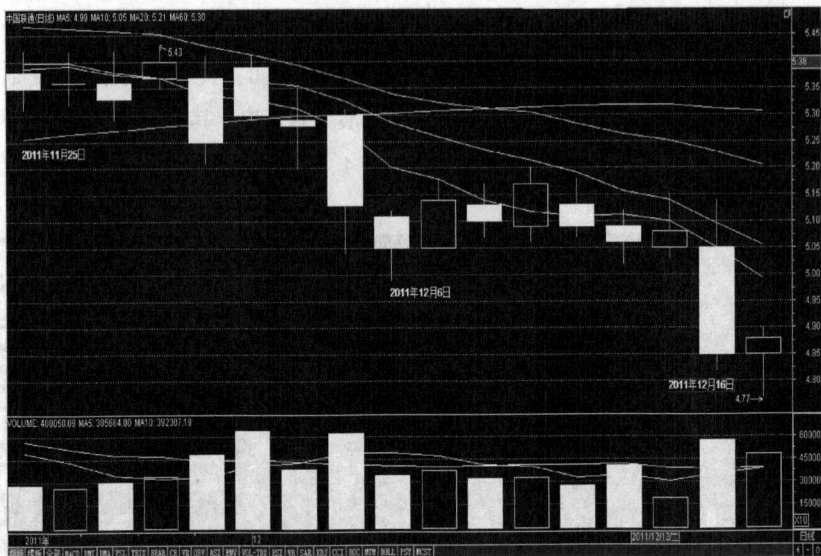

图 3.3.5　平均线（中国联通）

5．量价分析

如图 3.3.6 所示，2011 年 12 月 16 日至 12 月 26 日（日 K 线图）股价上涨，多方力量渐强，但成交量却与平时相差不多，这说明主力大户未买进。由于主力大户是股价往上推升的原动力，如果主力大户未进场，涨势可能不会维持多久。再看 2011 年 12 月 16 日之前的股价下跌已多，价涨量平说明观望者多，行情难有暂时下跌现象，但可能只是反弹而已。

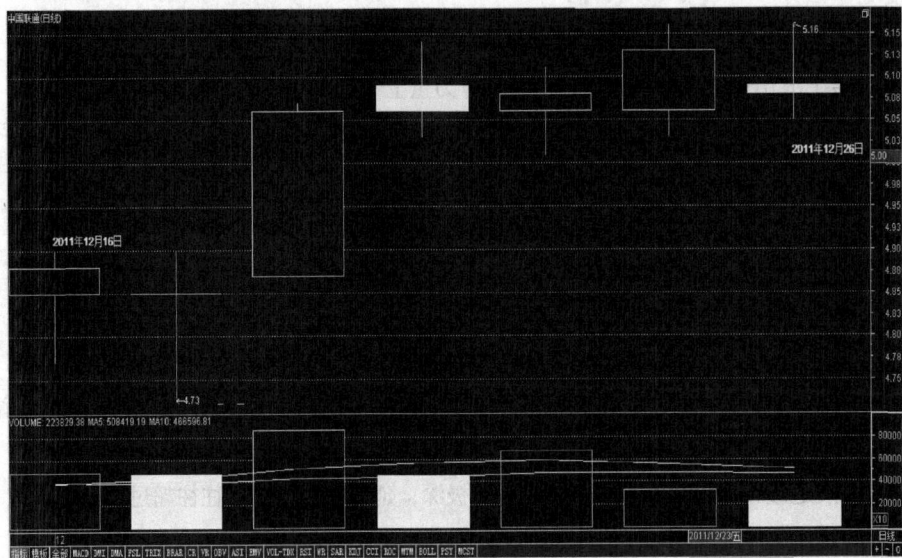

图 3.3.6　量价分析（中国联通）

6．指标分析

如图 3.3.7 所示为 2011 年 11 月 7 日至 12 月 20 日（日 K 线图）的 10 日、60 日移动平均线图，在 2011 年 12 月 6 日时，10 日移动平均线从上向下跌破 60 日移动平均线，形成死叉，预示股价将下跌，形成卖出点。MACD 指标情况如下所述。

图 3.3.7　MACD 指标（中国联通）

（1）DIF 与 MACD 交叉位于 0 点之上，为多头市场。且在 2 点 DIF 向下突破 MACD，为回档，应做获利了结。

（2）DIF 与 MACD 在 3 点突破 0 点线，有多头转为空头市场。

（3）DIF 与 MACD 交叉位于 0 点之下，为空头市场。且在 4 点 DIF 向上突破 MACD，只能认为是反弹，做暂时补空。

7. 分析结论

中国联通股票在经历了 2011 年第四季度的前期持续下跌后，有小幅回升，但很可能是暂时反弹，做暂时补空。此外，由于 5 日、10 日、20 日均线均显示下降，所以长期趋势不乐观，建议投资者应该谨慎观察后再另行介入。

3.4　思考与练习

1. 根据道氏理论，成交量在股票下跌、上涨、整理趋势中分别有什么变化？试用大盘指数或个股加以说明。

2. 技术分析指标通常有哪些分类？在技术指标的使用中，应该注意哪些问题？

3. 如何运用相对强弱指标分析股价未来的走势？

4. 如何运用随机指数进行短期的超买超卖分析？

5. 试说明乖离率的运用原则。

6. 腾落指数可以弥补指数变化不能反映个股变化实际状况的缺陷，为什么？

7. 波浪理论是技术指标中非常重要的一个理论，你怎么理解波浪理论，它对股票买卖策略能够提供什么样的具体帮助？

第 4 实验单元　证券高级技术分析

4.1　实验概述

◆　**实验名称**
证券高级技术分析

◆　**实验目的**
通过本实验初步了解程式交易的基本思想，使用证券行情分析软件提供的"自编公式"功能，掌握简单的运算法则并进行分析、选股、测试的基本操作。

◆　**实验工具**
通达信、东方财富、大智慧、同花顺等证券行情分析系统。

4.2　实验理论基础

证券技术分析不仅可以运用既有理论，如前一单元所介绍的，还可以在实际交易经验基础上，归纳总结新的技术分析方法，并在证券行情分析提供的平台通过自动计算处理数据来实现交易。本单元实验采用通达信的证券行情分析系统的"自编公式"功能。

所谓程式交易，就是将自己的金融操作方式，用很明确的方式去定义和描述，且遵守纪律按照所设定的规则去执行交易。它利用计算机软件来设计、实施和管理金融市场中的投资头寸，包括用网络设备提供金融市场实时的价格数据，根据计算机程序发出的信号自动交易。程式交易可分为套利型和非套利型两类。自编公式体现了程式交易的思想。

4.2.1　股票自编公式概述

通达信股票行情分析系统（TDX）的公式系统是一套功能强大、使用简单的计算机描述系统。可以通过对每日深沪两地交易所和历史上发送的行情数据按照简单的运算法则进行分析、选股、测试。TDX 公式系统具有四个功能：技术指标设计、条件选股、五彩 K 线和交易系统，分别通过其相应的编辑器操作实现。TDX 系统所有的分析方法均采用开放平台进行描述，即所有分析方法的算法对用户是开放的，任何人都可以对原算法进行修改，或增加自己的新算法。

1．技术指标公式编辑器
技术指标公式即通常所说画线指标，此类公式的主要目的是通过对数据采取一定的运算，将输出结果直观地显现在分析图上，为投资者提供研判行情的基本依据。此类指标至少要有一条输出线，TDX 允许最多 6 条的输出线。

技术指标公式编辑器实现对技术图表分析中各类技术指标和自定义的技术分析指标的编写，并且通过 TDX 的分析界面形成图表、曲线，以方便寻找有意义的技术图形和技术特征。

2．条件选股公式编辑器

也就是通常意义上解释的智能选股。其目的在于建立一个完全开放、自由的选股平台，可以通过对该平台的熟练使用，借助计算机的高速和准确的检索功能寻找满足您的理解的股票形态和技术特征，做到先知先觉，快人一步，并且提供相应的同样开放式的结果检测报告。

3．五彩 K 线公式编辑器

该编辑器的功能是附属于条件选股功能之上的，可以通过该功能将满足条件的连续 K 线形态赋予颜色，区别其他的 K 线。但五彩 K 线公式与条件选股公式有所不同：条件选股公式和五彩 K 线公式都有且仅有一个输出，其目的都是为投资者提供买入或卖出点的指示，但条件选股公式仅对最近数据提示买入或卖出，而五彩 K 线公式则对输入的所有历史数据进行提示。另外，五彩 K 线公式的输出是在 K 线图上，通过各种颜色对提示数据进行标识，条件选股公式的输出是找出符合最近条件的所有股票。

4．交易系统公式编辑器

交易系统公式是通过设定买入和卖出点(有且仅有这两个输出)，由计算机进行模拟操作。以此为依据，系统一方面可以进行五彩 K 线公式的功能，同时提示买入和卖出；另一方面可以通过模拟操作，对指标买卖的收益、指标的最佳参数及最佳指标等各情形进行测试。

交易系统是在条件选股功能上的一次大的延伸，旨在建立一套完整的交易规则体系，通过该编辑器对各个相关的交易环节，包括买入的切入、卖出、止损以及整体的交易性能检验等做出定量的规定，帮助投资者建立一套属于自己的买卖规则和理论。

5．公式管理器

通过使用组合键【Ctrl】+【F】打开公式管理器，如图 4.2.1 所示，用户可以对系统公式进行全面管理，包括新建公式，以及修改公式算法、引入、输出公式、设置组合条件等。

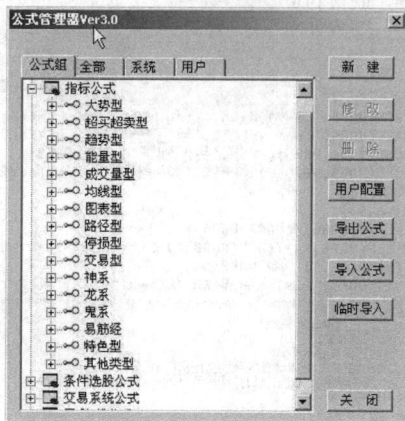

图 4.2.1　公式管理器

公式管理器用树形结构显示系统中存在的所有分析方法，包括指标公式、条件选股公式、交易系统公式、五彩 K 线公式和组合条件。需要对哪一类公式进行处理，可以用鼠标点取将该类公式展开，直到找到需要的公式名称。

查找公式可以从公式组、全部、系统和自编四种列表方式中选择，公式组方式便于分类管理，全部方式便于由公式名称直接查找，系统方式便于系统内置常用指标的快速查找，而自编方式则便于查找自己编写的或从外部引入的公式。

公式管理器可管理如下 4 种类型的公式：

（1）指标公式。用于指标图形的绘制；

（2）条件选股公式。用于条件选股；

（3）交易系统公式。用于专家指示及测参、测指；

（4）五彩K线公式。用于K线模式指示；

这 4 种公式相互独立，名称可以相同，但其内容和作用不同。每种类型的公式包括 4 种形式：

（1）系统加密公式。用绿色图标和锁形符号显示，要进行密码确认；

（2）系统公式。用绿色图标显示，可进行删改；

（3）用户加密公式。用红色图标和锁形符号显示，要进行密码确认；

（4）用户公式。用红色图标显示，可进行删改。

指标公式附加买卖逻辑判断式，得到交易系统公式；指标公式附加选股条件逻辑判断式，得到条件选股公式。指标公式附加色彩逻辑判断，得到五彩 K 线公式。

6．公式编辑器

调出公式管理器。单击【新建】或【修改】按钮，然后，鼠标左键单击指标线、指标参数选中指标，再用右键单击，弹出的对话框中选中"修改指标公式"，系统弹出公式编辑器，如图 4.2.2 所示。

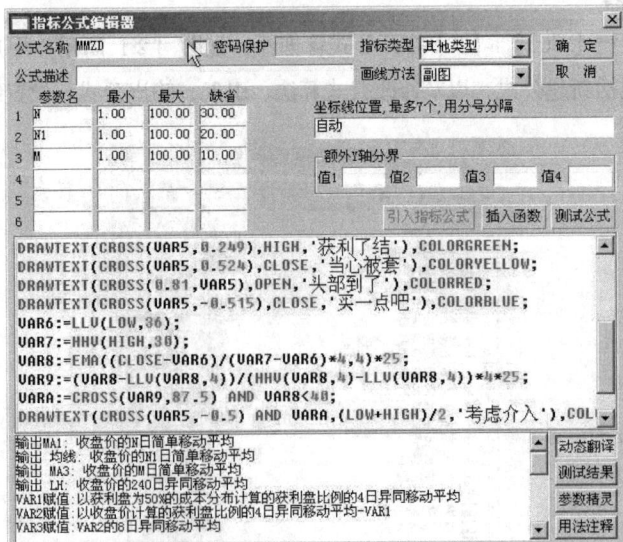

图 4.2.2　指标公式编辑器

公式编辑器中包含许多输入窗口和按钮，功能分别如下所述。

【公式名称】用于识别公式，最多可以有 9 个字符，该名称在每一类分析方法中必须唯一，例如不能出现两个 MA 技术指标，但可以出现一个 MA 技术指标和一个 MA 条件选股指标。

【公式描述】简单描述该指标的用途，可以输入任意字符。

【密码保护】选中密码保护，表示将对该公式加密，加密密码输入到密码输入框中。对于已加密的公式，今后对它进行修改和查看必须先输入密码，在输出公式到文件时也需要密码。要去掉密码，单击"密码保护"，使它前面的√消失即可。

【画线方法】这组单选按钮用于指定指标公式类型，紧密围绕股票价格变化的指标可定为主图叠加类型，叠加在主图上显示；否则定为副图指标，显示在副图上。（仅在编辑技术指标公式时出现）

【参数】公式可以带有 0～6 个参数，使用参数可以方便地对使用中需要修改的数值进行调整。每个参数需要设定参数名称、最小值、最大值和缺省值。其中参数名为公式定义的符号，最小值一般默认为 1，最大值一般默认为 250，缺省值为默认的数值，可在公式使用中调整。

【坐标位置】可指定在某些特殊位置画水平坐标线，例如对 RSI，可以输入：0; 20; 50; 系统将在这三个数值处绘制三条水平坐标线。缺省时为"自动"，即系统据实际情况定水平坐标线。（深红色线，仅在编辑副图技术指标时出现）

【额外 Y 轴分界】：在副图坐标中显示重要的数值分界线（白色线）。

【测试公式】检查公式的语法错误。

【引入指标公式】以系统已有的某个指标公式为蓝本，新建自己的指标公式。

【插入函数】显示选择函数对话框，在通达信函数集中寻找所需函数。当对系统提供的标准函数还不熟时，这个功能可帮你节省时间。

【用法注释】供用户输入指标算法、用法的解释，在使用公式时提示操作方法及注意事项。

【动态提示】用户输入指标、算法或函数时，同步提示中文语意。

【参数精灵】在使用分析工具时，很多时候用户都需要调整参数，但很多用户无法理解对参数调整的实际意义。使用参数精灵，可以将参数调整及参数意义放在同一段文字中，方便用户使用。

用户在使用分析方法时，会在指标旁边显示参数精灵的内容。参数精灵的内容是由公式剪辑者输入的一段文字，该文字描述了参数的使用方法，并且可以将参数设置与文字混合编辑。方法是用 Param#N 来代替参数即可。

例如，公式中有两个参数 M 和 N，需要描述当 M 日均线与 N 日均线形成金叉时买入，可以这样写参数精灵：Param#1 日均线与 Param#2 日均线发生金叉，发出买入信号。在实际使用该分析方法时，系统将显示：5 日均线与 10 日均线发生金叉，系统发出买入信号。其中，被包围在输入框中的 5 和 10 是参数，用户可以直接修改这些参数，而实际运算时将采用这些参数进行计算。

【公式编辑窗】公式编辑窗用于书写分析方法的算法，是公式编辑器的核心部分。用户可以将自己的算法用公式语法书写到编辑窗中，关于公式语法请参见通达信网站。

4.2.2 公式编写规则

所有的公式系统都是遵守统一的运算法则，统一的格式进行函数之间的计算。例如，指标公式：KDJ，右键单击 KDJ，选择"编辑公式"后打开公式算法编辑器，显示出 KDJ 指标公式的内容。

参数名称：最小值，最大值，缺省值

N:1,100,9

M1:2,40,3

M2:2,40,3

RSV:=(CLOSE−LLV(LOW,N))/(HHV(HIGH,N)−LLV(LOW,N))*100;

K:SMA(RSV,M1,1);

D:SMA(K,M2,1);

J:3*K−2*D

该公式绘制 K、D、J 三条指标线。RSV 行是一个中间语句，计算当期收盘价与 N 天内最低价之差除以 N 天内最高价与最低价之差的比值，再乘以系数 100。K 线为 RSV 的 M1 天移动平均线，D 线为线 K 的 M2 天移动平均线，J 线为 K 线与 J 线的差值。

通过分析以上公式，相关的格式和法则的结论：

（1）数据引用。

数据来源。公式中的基本数据来源于接收的每日行情数据，这些数据由行情函数从数据库中按照一定的方式提取，例如，高开低收、成交量、成交额等。

数据类型。按照公式使用的数据类型，系统可以处理的数据分为两类：变量和常量。所谓变量就是一个随着时间变化而变化的数据，例如成交量；常量就是永远不变的数据。例如 3，每个函数需要的参数可能是变量也可能是常量，不能随便乱用，函数计算的结果一般是一个变量。

例如计算收盘价均线 MA（CLOSE，5），MA 函数要求第一个参数为变量，而 CLOSE 函数返回的正是一个变量；MA 函数要求的第二个参数是常量，5 就是一个常量，所以就不能这样书写：MA（5，CLOSE）。

（2）特殊数据引用。

指标数据引用。经常地编制公式的过程当中，需要使用另外一个指标的值，如果按照通常的做法，重新编写这个指标显得麻烦，因此有必要学习使用如何调用别的指标公式。

基本的格式为："指标,指标线"（参数）。

① 指标和指标线之间用逗号分开，一个指标不一定只有一条指标线，所以有必要在指标后标注指标线的名称，但是如果缺失则表示引用最后一条指标线。

② 参数在表达式的末尾，必须用括号括起来，参数之间用逗号分开，通过参数设置可以选择设定该指标的参数，如果参数缺失则表示使用该指标的默认参数设置。

③ 整个表达式用引号引在其中，除参数以外。例如，"MACD. DEA"。

跨周期引用指标数据。

① 引用大盘数据。引用大盘数据时使用下列函数： INDEXC/NDEXV，等等。

② 引用个股数据。引用个股数据时使用下列格式："股票代码$数据"。在以上格式当中调用 CLOSE，VOL，AMOUNT 等。例如"000002$VOL"表示 000002 该股本周期的成交量。"999998$CLOSE"同样也可以表示为 A 股指数本周期的收盘价，此时的 A 股指数被视为一只个股。

（3）公式构成。

公式语句。所有的公式体由若干语句按照一定的格式组成，每个语句表示一个计算结果，根据各个语句的功能分为两大类语句，一类是赋值语句，一类是中间表达式。

赋值语句。在技术指标当中，赋值语句的计算结果将会被计算机执行并形成相应的图形。每个语句可以有一个名称，该名称写在语句的最前面，并用一个冒号将它与语句分隔开。

例如 ST:MA（CLOSE，5），表示该语句求收盘价的五日均线，语句的名称为 ST。在该语句后的语句中可以直接用 ST 来替代 MA（CLOSE，5），例如 MA（ST,5）表示对收盘价的五日均线再求五日平均。

中间语句。一个语句如果不需要显示，可以将它定义为中间语句，例如在上例当中的第一句"A:=X+Y；"，这样该语句就不会被系统辨认为是指标线了。

中间语句用":="替代冒号，其他与一般语句完全一样。使用中间语句可以有效降低公式的书写难度，还可以将需要重复使用的语句定义成中间语句以减少计算量。每个公式最多可以分 6 个语句，中间公式数量没有限制，所有语句之间需要使用分号隔开。

公式计算符。公式计算符将函数连接成为公式。计算分为算术计算符和逻辑计算符。

① 算术计算符。包括十、一、*、／，它们分别对计算符两边的数据进行加减乘除计算，这同一般意义上的算术计算没有差异。

② 逻辑计算符。包括 >、<、<>、>=、<=、=、AND、OR 八种，分别表示大于、小于、不等于、大于等于、小于等于、等于、逻辑与、逻辑或运算，如果条件成立计算结果就等于 1，否则等于 0。例如：3+4 等于 7，4>3 就等于 1。"逻辑与"表示两个条件都成立时结果才成立。"逻辑或"表示两个条件中只要有一个成立结果成立。例如：4>3 AND l2>=4 的结果等于 1，4>3 OR 3>12 的结果等于 1。

线形描述符。对于技术指标公式可以在语句加上线形描述符，用来表示如何画该语句描述的指标线。线形描述符包括以下 7 种。描述符写在语句后分号前，用逗号将它与语句分隔开，例如在上例当中加入一句线形描述符"c:B*0.618，COLORSTICK；"该语句在被执行时，会在图中添加彩色柱线，该功能在编制 MACD 等指标的时候会显出它的用处。

柱状线添加方法列示如下：

STICK 彩色柱状线，当值为正时显示红色，否则显示绿色；

COLORSTICK 为线形赋色；

COLORRED 为线形赋红色；

COLORBLUE 为线形赋蓝色；

COLORYELLOW 表示黄色线；

VOLSTICK 成交量柱状线，股价上涨显示红色空心柱，否则显示绿色；

LINESTICK 同时画出柱状线和指标线；

LINETHICK 对线体的粗细作出描述；

CROSSDOT 小叉线；

CIRCLEDOT 小圆圈线；

POINTDOT 小圆点线。

① COLORRED 等三个线形描述符还可以自定义颜色，格式为 COLOR+ "BBGGRR"：BB、GG、RR 表示蓝色、绿色和红色的分量，每种颜色的取值范围是 00–FF，采用了 16 进制。例如：MA5：MA(CLOSE,5)，COLOR00FFFF 表示纯红色与纯绿色的混合色；COLOR808000 表示淡蓝色和淡绿色的混合色。

② LINETHICK 可以允许对线型的粗细进行自定义的描述，格式 LINETHICK+(1–9)；参数的取值范围在 1~9 之间，"LINETHICK1" 表示最细的线，而 "LINETHICK9" 表示最粗的线。

（4）关于无效数的问题。

所谓无效数即指没有数据。在某些情况下，一些数据项可能取不到数据，这时返回值为无效数。例如，MA(CLOSE,500)，其含义是该股票最近 500 天收盘价的均价，如果有些公司上市时间较短，没有 500 天，则其值为无效数。反应在分析图上则该指标线不显示。在 TDX 分析系统中函数 NODRAW 代表无效数，可作为常数使用。无效数与任何数作计算，其结果仍为无效数。例如：7*NODRAW 得到的结果仍为 NODRAW。

4.3　实验内容

公式编写，包括指标公式、选股公式、五彩 K 线公式、交易系统公式。

4.3.1　简单公式编写

（1）收盘价线。这是最简单的公式：CLOSE。

（2）均线。计算 N 日内收盘价的算术平均值，它是最常用的指标之一，公式为：MA(CLOSE,5)。其中的 MA(X,N) 表示 X 的 N 日平均。

（3）涨幅。涨幅指今日收盘价相对于昨日收盘价的变动幅度，即（今日收盘价 – 昨日收盘价）÷昨日收盘价×100%，昨日收盘价的公式为：REF(CLOSE,1)，因此涨幅的公式为（CLOSE–REF（CLOSE,1））/REF（CLOSE,1）。

（4）换手率。换手率指当期的成交量占流通股本的比例。公式为 VOL/CAPITAL。VOL 为当期成交量，CAPITAL 为流通股本。

（5）创新高。创新高指当日最高价是最近一段时间的最高价：HIGH=HHV(HIGH,N)。其中的 HIGH 为当期最高价，HHV(X,N) 是求 N 周期内 X 最高值。因此该公式的含义是当日最高价创 N 日新高时返回值为 1，否则为 0。

（6）横盘整理。横盘整理指最近一段时期价格在一定幅度之内摆动：(HHV(CLOSE,10)–LLV(CLOSE,10))/CLOSE<0.05。其中的 LLV(X,N) 是求 N 周期内 X 最低

值。因此该公式表示 10 日收盘价振幅在 5% 以内。

（7）区间统计。例如，要取得 2002 年 2 月 1 日到 2002 年 12 月 30 日间的最低价。一段时间的最低价必然是该段时间内每个分析周期的最低价中最小的那个。所以，要引用的数据是该段时间各分析周期的最低价，而不需要用到开盘价、收盘价或最高价；还要将不需要的数据，即区间外的数据设为 0。语句为 LL:=IF(YEAR=2002 AND MONTH>=2 AND MONTH<=12,LOW,0)。该语句用一个条件函数来判断时间是否处于规定区间，若是则返回最低价，否则返回 0。再用 LLV 函数，就可求得该段时间最低的最低价：LLV(LL,N)。N 为日期参数，N 为 0，则上式表示上市以来的最低价。

（8）技术指标公式。用于绘制技术指标线。以 KDJ 指标为例，右键单击 KDJ，选择"编辑公式"后打开公式算法编辑器，显示出 KDJ 指标公式的内容。

参数名称：最小值，最大值，缺省值

N: 1,100,9

M1: 2,40,3

M2: 2,40,3

RSV:=(CLOSE–LLV(LOW,N))/(HHV(HIGH,N)–LLV(LOW,N))*100;

K:SMA(RSV,M1,1);

D:SMA(K,M2,1);

J:3*K–2*D

该公式绘制 K、D、J 两条指标线。RSV 行是一个中间语句，计算当期收盘价与 N 天内最低价之差除以 N 天内最高价与最低价之差的比值，再乘以系数 100。K 线为 RSV 的 M1 天移动平均线；D 线为线 K 的 M2 天移动平均线；J 线为 K 线与 J 线的差值。

（9）条件选股公式。用于选出满足条件的股票，条件选股公式用于显示条件是否满足的语句是一个逻辑表达式，条件满足，表达式的返回值为"1"，表示选中该股，条件不满足，返回值为为"0"，表示未选中。条件选股公式的其他公式必须是中间公式，而且要在逻辑表达式之前。以 KDJ 指标买入条件选股为例，右键单击"KDJ 指标买入条件选股"，选择"编辑公式"后打开公式算法编辑器，显示出公式的内容。用 KDJ 随机指标作为买入条件是当 J 向上穿越 0 坐标线的时候。公式写法为如下所示。

参数名称：最小值，最大值，缺省值

N: 1,100,9

M1: 2,40,3

M2: 2,40,3

RSV:=(CLOSE–LLV(LOW,N))/(HHV(HIGH,N)–LLV(LOW,N))*100;

K:SMA(RSV,M1,1);

D:SMA(K,M2,1);

J:3*K–2*D;

CROSS(J,0);

如果直接引用指标公式，KDJ 条件选股公式可以简写为：

CROSS("KDJ.J"(N,M1,M2),0);

（10）交易系统公式。用于描述交易系统。交易系统是一个完整的买卖过程。交易系统公式用来指示买入、卖出信号的语句是一个逻辑表达式，名称为：

TERLONG:多头买入

EXITLONG:多头卖出

ENTERSHORT:空头买入

EXITSHORT:空头卖出

4 种信号条件满足，表达式的返回值为"1"，表示发出信号，条件不满足，返回值为"0"，表示不发出信号。交易系统公式的其他公式必须是中间公式，而且要在逻辑表达式之前。国内的股市只用到 ENTERLONG、EXITLONG，国内期货市场还用到 ENTERSHORT、EXITSHORT 语句。

当买入或卖出条件满足时，在什么时间、什么价位进行操作，可以选择本周期或次周期的开盘价、最高价、最低价、收盘价，在测试交易系统时将以设置的介入价格计算。若选择次周期最高价买入、次周期最低价卖出，则此时的测试是最为严格，若此时交易系统的表现仍令人满意，则说明该系统稳定性好。

以 KDJ 交易系统为例，右键单击"KDJ 交易系统"，选择"编辑公式"后打开公式算法编辑器，显示出公式的内容。

交易系统的买入条件为 J 向上穿越 0；

卖出条件为 J 向下穿越 100。

参数名称：最小值，最大值，缺省值

N: 1,100,9

M1: 2,40,3

M2: 2,40,3

RSV:=(CLOSE−LLV(LOW,N))/(HHV(HIGH,N)−LLV(LOW,N))*100;

K:SMA(RSV,M1,1);

D:SMA(K,M2,1);

J:3*K−2*D;

ENTERLONG:CROSS(J,0);

EXITLONG:CROSS(100,J);

如果直接引用指标公式，KDJ 交易系统公式可以简写为：

J:="KDJ.J"(N,M1,M2);

ENTERLONG:CROSS(J,0);

EXITLONG:CROSS(100,J);

（11）K 线模式公式。用于描述单根 K 线或多根 K 线组合的某种状态。K 线模式公式用来指示模式的语句是一个逻辑表达式，最多可以设到 6 个，即 K 线图上最多可以有 6 种彩色。以 KDJ 指标 K 线模式为例，在五彩 K 线项下的其他栏中找到"KDJ 随机指标"，用右键单击，选择"编辑公式"后打开公式编辑器，显示出公式的内容。将 J 线值小于 0 的 K 线显示为红色，将 J 线值大于 100 的 K 线显示为绿色。

参数名称：最小值，最大值，缺省值

N: 1,100,9

M1: 2,40,3

M2: 2,40,3

RSV:=(CLOSE−LLV(LOW,N))/(HHV(HIGH,N)−LLV(LOW,N))*100;

K:=SMA(RSV,M1,1);

D:=SMA(K,M2,1);

J:=3*K−2*D;

J<0,COLORRED;

J>100,COLORGREEN;

曙光初现。是两根 K 线的组合，其模式构成为：第一天的 K 线是阴线，表示市势仍然向下；随后第二个交易日跳空低开；其后时间出现强劲反弹，填补缺口后上升超过上日收盘价。此图形如在底部出现，则称为曙光初现，显示市场可能见底回升。

根据此模式建立的公式为：

BACKSET(REF(CLOSE,1)/REF(OPEN,1)<0.97 AND CLOSE/OPEN>1.03

AND OPEN<REF(CLOSE,1) AND CLOSE>REF(CLOSE,1), 2)

BACKSET(X,N)是一个函数，若 X 非 0,则将当前位置到 N 周期前的数值设为 1。

第一个参数中的第一个式子表示前一个周期的 K 线是阴线，第二个式子表示当前周期的 K 线是阳线，第三个式子表示当前周期是跳空低开，第四个式子表示当前周期填补低开缺口后收盘于上日收盘价之上。第二个参数为 2,表示若第一个参数中设置的条件全部成立，则用不同的颜色把当前周期和上一周期前的 K 线与其他 K 线区分开来。

4.3.2　指标公式编写

新建公式"均线通道"（JXTD），步骤如下：

（1）使用快捷键 Ctrl+F 打开"公式管理器"；

（2）单击"新建"按钮，打开"公式编辑器"；

（3）填写公式项

"公式名称"---JXTD,

"公式描述"--- "均线通道"

参数名称：最小值，最大值，缺省值

#N: 1,100,26

VAR1:=MA(CLOSE,N);{对 "VAR1" 赋值}

VAR2:=MA(CLOSE,2*N);{对 "VAR2" 赋值}

VAR3:=MA(CLOSE,3*N);{对 "VAR3" 赋值}

VAR4:=MA(CLOSE,4*N);{对 "VAR4" 赋值}

VAR5:=MA((VAR1+VAR2+VAR3+VAR4)/4,5);{一条多条均线的平均线}

上轨:VAR5*1.08;{在均线"VAR5"上加上 8%的幅度变成"上轨"}

下轨:VAR5*0.92; {在均线"VAR5"上减去 8%的幅度变成"下轨"}

（4）指标类型：选"路径型"，还有大势型、超买超卖型、趋势型、能量型等；

（5）画线方法：副图、主图叠加、副图叠加线、副图叠加美国线四种；选中"主图叠加型"，副图是 K 线图下面的区域；

（6）密码保护：010101；

（7）参数设置：#N：最小值为 1，最大值为 100，缺省值（默认）为 26；

（8）坐标线位置：在非"主图叠加"中，此编辑框处可写状态；输出线为副图中深红色横线显示，是副图坐标线；

（9）额外 Y 轴分界：是指标敏感数值输出线，在副图中显示为白色；

（10）引入指标公式：在引入原公式的基础上进行编辑；

（11）插入函数：左上为函数类别，右上为函数表，下区为函数解释区及用法举例，如图4.3.1 所示。

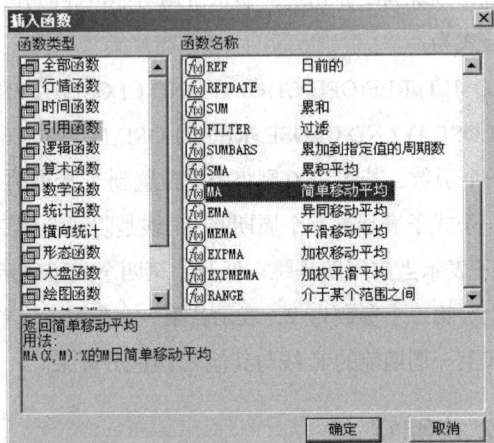

图 4.3.1　公式编辑器之插入函数对话框

（12）公式编辑区：

【{ }】是解释，不输出，便于看懂公式；

【:=】赋值符，意为"相当于"；

【:】输出符，它前面的名称为输出名称，可以在副图中看到，它后面的为公式定义；

【;】分段符，表示一段完成；

【,】分节符；

【( )】括号中为公式体。

（13）测试公式：测试通过则自动保存；测试不能通过，则在翻译区提示错误；

（14）用法注释：自编公式使用说明；

（15）在 K 线图上，直接敲字母键"JXTD"调出自编的公式"均线通道"，查看结果；

（16）修改公式：左键选中公式线后，单击右键，在弹出的对话框中，选中"修改指标"

项，直接调出"公式编辑器"修改公式。如果左键选指标线不便，直接用右键选参数数值，也可调出公式编辑器，如图4.3.2所示。

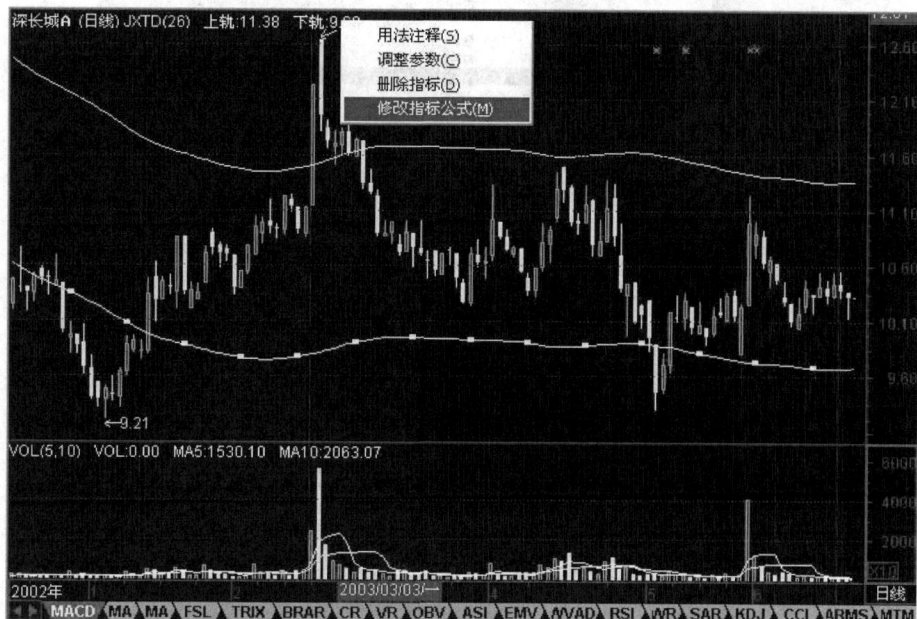

图4.3.2 修改指标公式界面

（17）鼠标动态提示：将鼠标放在函数上几秒后，系统自动出现提示框，方便函数学习和应用，如图4.3.3所示。

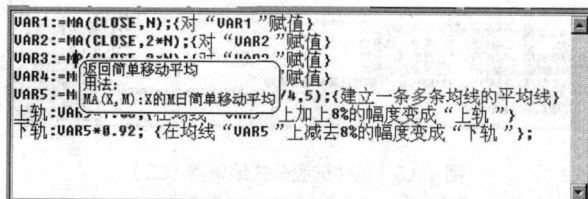

图4.3.3 自定义指标公式提示

4.3.3 选股公式编写

改公式"均线通道"（JXTD）为选股公式"均线通道"。步骤如下：

（1）使用【Ctrl】+【F】组合键打开"公式管理器"；

（2）单击"条件选股公式"选项；

（3）单击"新建"按钮，打开"条件选股公式编辑器"；

（4）单击"引入指标公式"按钮，选最后一项"均线通道"，单击"确定"按钮，如图4.3.4所示；

（5）修改输出：公式输出项改为赋值项；即将【:】符改为【:=】符；

（6）新建输出项：选股:CLOSE<下轨；{选出收盘价小于下轨的股票}，如图4.3.5所示；

57

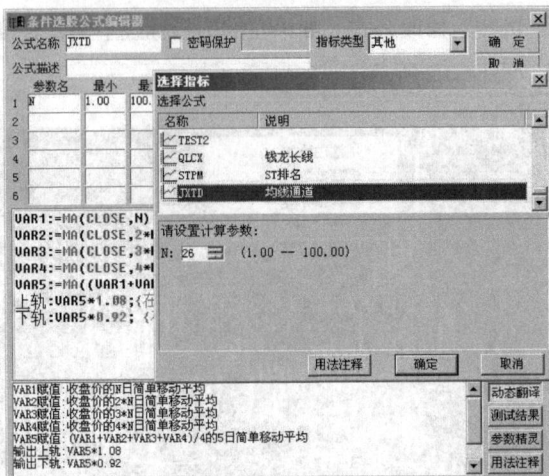

图 4.3.4　条件选股公式编辑器（一）

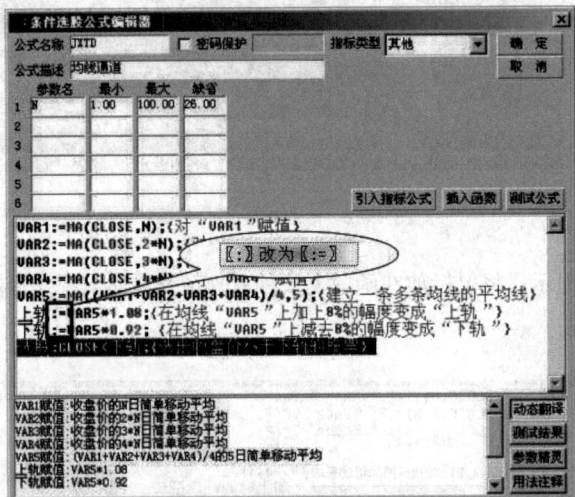

图 4.3.5　条件选股公式编辑器（二）

（7）测试公式通过；

（8）使用【Ctrl】+【T】组合键打开条件选股公式"均线通道"，进入公式选股操作程序。

4.3.4　五彩 K 线公式

改公式"均线通道"（JXTD）为五彩 K 线公式"均线通道"。步骤如下：

（1）使用【Ctrl】+【F】组合键打开"公式管理器"；

（2）单击"五彩 K 线公式"选项；

（3）单击"新建"按钮，打开"K 线指示公式编辑器"；

（4）单击"引入指标公式"按钮，选"均线通道"确定；

五彩 K 线公式

公式名：JXTD

公式描述：均线通道

参数名称：最小值，最大值，缺省值

#N: 1,100,26

————————————————————————————————————

VAR1:=MA(CLOSE,N);{对"VAR1"赋值}

VAR2:=MA(CLOSE,2*N);{对"VAR2"赋值}

VAR3:=MA(CLOSE,3*N);{对"VAR3"赋值}

VAR4:=MA(CLOSE,4*N);{对"VAR4"赋值}

VAR5:=MA((VAR1+VAR2+VAR3+VAR4)/4,5);{一条多条均线的平均线}

上轨:=VAR5*1.08;{在均线"VAR5"上加上 8%的幅度变成"上轨"}

下轨:=VAR5*0.92;{在均线"VAR5"上减去 8%的幅度变成"下轨"}

CLOSE<下轨,COLORRED;{小于下轨提示买入红色}

CLOSE>上轨,COLORYELLOW;{高于上轨提示卖出黄色}

HIGH>上轨*1.06,COLORBLUE;{高于上轨 6%提示清仓蓝色}

LOW<下轨*0.94, COLORMAGENTA;{低于下轨 6%提示加仓洋红色}

————————————————————————————————————

（5）测试通过，退出；

（6）使用【Ctrl】+【K】组合键，打开"五彩 K 线指示"—"均线通道"；

（7）查看效果，不满意就修改参数一直到满意为止，如图 4.3.6 所示。

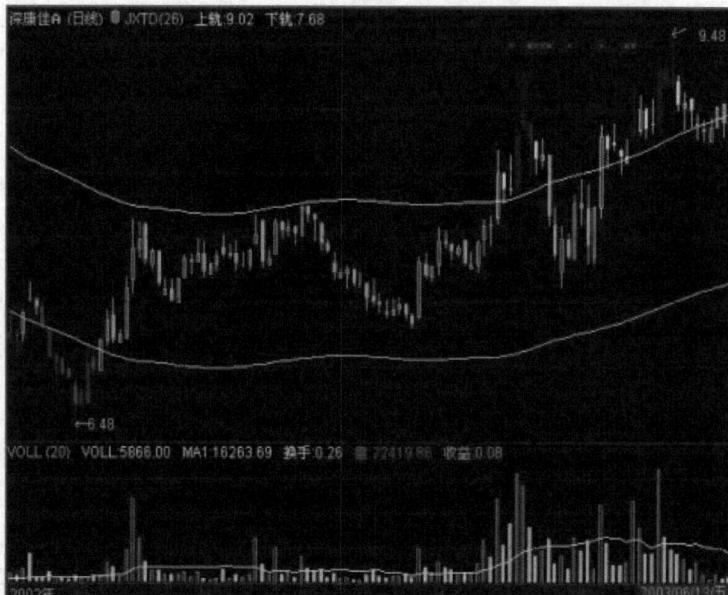

图 4.3.6　五彩 K 线公式效果图

4.3.5　交易系统公式

改公式"均线通道"（JXTD）为交易系统公式"均线通道"。步骤如下：

59

（1）使用【Ctrl】+【F】组合键打开"公式管理器"；

（2）单击"交易系统公式"选项；

（3）单击"新建"按钮，打开"交易系统公式编辑器"；

（4）单击"引入指标公式"按钮，选"均线通道"确定，如图 4.3.7 所示；

公式名：JXTD

公式描述：均线通道

参数名称：最小值，最大值，缺省值

#N: 1,100,26

—————————————————————————————————————

VAR1:=MA(CLOSE,N);{对"VAR1"赋值}

VAR2:=MA(CLOSE,2*N);{对"VAR2"赋值}

VAR3:=MA(CLOSE,3*N);{对"VAR3"赋值}

VAR4:=MA(CLOSE,4*N);{对"VAR4"赋值}

VAR5:=MA((VAR1+VAR2+VAR3+VAR4)/4,5);{一条多条均线的平均线}

上轨:=VAR5*1.08;{在均线"VAR5"上加上 8%的幅度变成"上轨"}

下轨:=VAR5*0.92; {在均线"VAR5"上减去 8%的幅度变成"下轨"}

{多头买入} ENTERLONG:CLOSE<下轨;

{多头卖出} EXITLONG:CLOSE>上轨;

—————————————————————————————————————

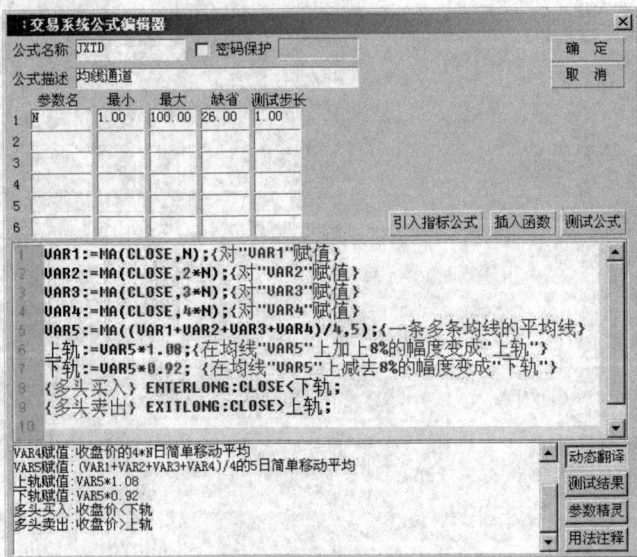

图 4.3.7　公式交易系统编辑器

（5）测试通过，退出；

（6）使用【Ctrl】+【E】组合键，打开"五彩 K 线指示"—"均线通道"；

（7）查看效果，不满意就修改参数一直到满意为止，如图 4.3.8 所示；

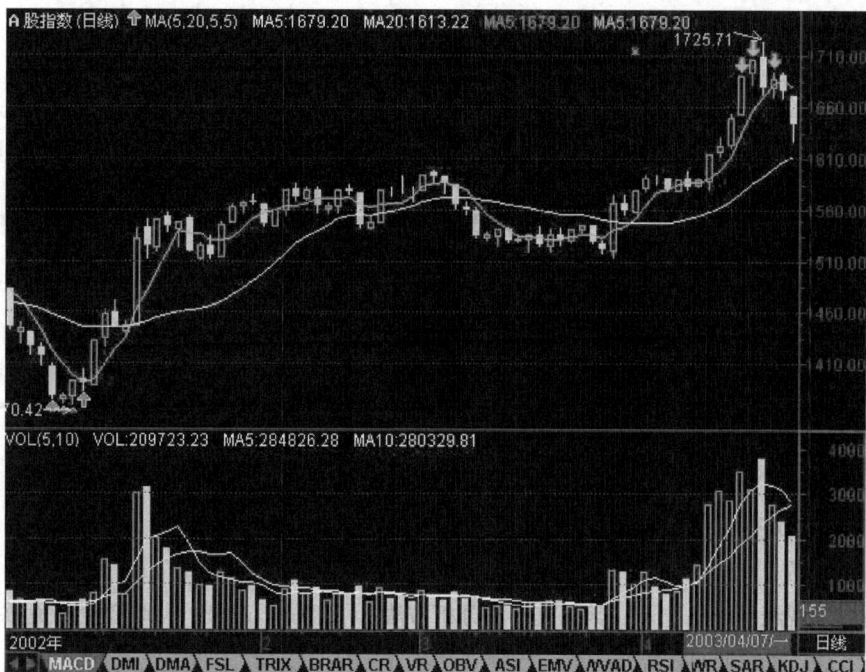

图 4.3.8　公式交易系统编辑器效果图

（8）删除指示：使用【Ctrl】+【H】组合键；鼠标左键选中指示图标，单击【Delete】键，或者单击鼠标右键，在弹出的菜单中选"删除交易系统指示"。

4.4　思考与练习

1. 请按下列要求编制相应的选股指标。

（1）N 日内有过涨停。

（2）1～6 日内有过涨停，当前股价在 5 日和 10 日线之间。

（3）日内放量突破年线或半年线。

（4）昨天涨停，今天股价涨幅超过 6% 预警。

（5）N 日内有过涨停，当前股价上穿 5 日均线。

2. 理想论坛(http://www.55188.com/)是目前国内影响较大的股票技术交流网站，请注册该网站，如果在编写公式的过程中有什么具体的问题可以咨询该网站的版主。

第5实验单元　宏观经济分析与行业分析

5.1　实验概述

◆ **实验名称**
宏观经济分析与行业分析

◆ **实验目的**
掌握宏观经济指标选取、数据查询和分析方法。了解货币政策、财政政策相关数据查询和分析方法。了解行业分析方法。

◆ **实验工具**
东方财富通、同花顺、大智慧和通达信等证券行情分析软件。

5.2　实验理论基础

5.2.1　宏观经济分析

1. 宏观经济指标分析

经济指标是反映经济活动结果的一系列数据和比例关系。证券投资的宏观经济分析可通过计算、分析和对比一系列反映经济活动的经济指标，观察社会经济的发展轨迹或推断未来的发展趋势。通常经济指标分为以下三类。

（1）先行指标。这类指标先于整体经济周期而动，包含着未来经济走向的提示性信息，可以用来判断未来经济发展的状况和变动方向，例如货币供应量增减、股票价格指数变动率、社会平均或行业平均利润率等。根据历史经验和统计结果来看，这类指标大致超前实际现象数月到数年不等。

（2）同步指标。这类指标则与经济周期同步而动，反映的是国民经济正在发生着的情况，并不预示未来经济的变化趋势，例如，失业率、国内生产总值、居民储蓄率等。

（3）滞后指标。这类指标的变动时间往往落后于国民经济情况的变动，反映国民经济已经发生的变化，例如存贷款利率、结售汇汇率以及国家对外的负债率、偿债率等。通过观察滞后指标，可以推断下一阶段将可能采取的宏观经济政策。

不难理解，反映宏观经济的指标有很多。证券投资的宏观经济分析，关键是要选取那些能从各方面综合反映国民经济的基本状况，并与证券投资密切相关的经济指标。

2．宏观经济分析与证券分析

中国经济已广泛而深入地融入了经济全球化进程中，资本市场也将逐步开放，国际经济环境会影响我国证券市场。因此，证券投资的宏观经济分析应从全球经济入手。但就目前而言，人民币还没有实现完全自由兑换，同时证券市场是有限度的开放。所以，我国的证券市场相对独立，受国际经济环境的直接冲击较小。为此，主要分析国内宏观经济对证券市场的影响，即国内宏观经济运行和宏观经济政策对证券市场的影响。

（1）宏观经济运行分析。主要分析经济增长、经济周期、失业、通货膨胀、利率、汇率等对证券市场的影响。

（2）宏观经济政策分析。宏观经济政策一般包括财政政策、货币政策、收入政策和产业政策。其中，财政政策、货币政策、收入政策属于总量调控政策，将影响证券市场总体，而产业政策是结构性调控政策，仅影响行业、区域板块以及个股的价格变动。

3．股票市场供求分析

从长期来看，证券价格由其内在价值决定，但就中短期的价格分析而言，证券价格是由供求关系决定的，也就是说，证券价格的变化轨迹可以用证券供给曲线和需求曲线的变化来解释。由于各国证券市场的成熟程度不同，供求关系对证券价格的作用机制也不尽相同。例如，成熟证券市场的供求关系是由资本收益率引导的供求关系，即资本收益率水平对证券价格有着决定性的影响。而我国这样的新兴证券市场，证券价格在很大程度上由证券的供求关系决定，即由一定时期内证券的供给总量和需求总量的对比力量决定。

5.2.2　行业分析

证券投资的行业分析是介于宏观经济分析与公司分析之间的中观层次分析，是证券投资基本分析的重要环节。

1．行业的一般特征分析

行业的市场结构、竞争强度、对经济周期的敏感性、所处生命周期阶段等因素，将影响其赢利水平和经营的稳定状况。

（1）行业市场结构分析。市场结构就是市场竞争或垄断的程度。根据该行业中企业数量、产品性质、价格制定和其他一些因素，各行业基本上可以分为四种市场结构：完全竞争、垄断竞争、寡头垄断、完全垄断。

- 完全竞争型。指竞争不受任何阻碍和干扰的市场结构。显然，完全竞争是一个理论上的假设，在现实经济中很少见，其实质在于所有的企业都无法控制市场的价格和使产品差异化。一些初级产品和某些农产品的市场类型比较接近完全竞争市场的情况。
- 垄断竞争型。指既有垄断又有竞争的市场结构。在垄断竞争型市场上，每个企业在市场上都具有一定的垄断力，但它们之间又存在着激烈的竞争。垄断现象是由产品差异引起的，而竞争则是因为产品同种，即产品的可替代性。在国民经济各产业中，大多数制成品的市场类型都属于垄断竞争型。
- 寡头垄断型。指相对少量的生产者在某种产品的生产中占有很大的市场份额，从而控制了这个行业供给的市场结构。在这个市场上，通常存在着一个起领导作用的企业，其他企业跟随该企业定价与经营方式的变化而相应地进行某些调整。资本密集型、技术密集型行业，如钢铁、汽车等，以及少数储量集中的矿产品，如石油等的市场多属这种类型。

- 完全垄断型。指独家企业生产某种特质产品的市场结构。特质产品是指那些没有或基本没有其他替代品的产品。完全垄断可分为两种类型：一是政府完全垄断，如铁路、邮电等行业；二是私人完全垄断，如政府赋予的特许专营或拥有专利的独家经营以及由于极其强有力的竞争实力而形成的私人垄断经营。在现实经济生活中，公用事业和某些资本、技术高度密集型行业或稀有金属矿藏的开采等行业属于这种完全垄断的市场类型。

（2）行业竞争结构分析。行业竞争结构决定行业平均业绩。根据迈克尔·波特的竞争理论，竞争结构取决于以下五个基本竞争因素。

- 新进入公司的威胁。行业的新进入者可能带来市场份额的改变，从而对原有公司的价格和利润造成威胁。即使一家公司还未进入一个行业，但是它潜在的进入行为将给价格带来压力，因为高价格和高边际利润率会驱使新的竞争者进入这个行业。因此，进入壁垒是行业获利的重要决定因素。进入壁垒可以有多种，如规模经济、产品的差异化、长期固定的产销关系、知识产权等。

- 现有竞争对手的竞争。行业内的公司为了扩大各自的市场份额会进行激烈的竞争，最常见的就是价格战，从而边际利润率也随之下降。如果行业本身增长缓慢，这些竞争就会更加激烈，因为此时扩张就意味着掠夺竞争对手的市场份额。

- 替代品的压力。如果一个行业的产品存在着替代品，那么该行业就将面临相关行业的企业竞争。例如，毛纺厂将面临合成纤维制造商的竞争，石油将面临核能、太阳能等其他能源产品的竞争。替代品的存在使得消费者有了选择权，从而限制了一个产业潜在的收益。

- 购买者的谈判能力。购买者参与产业竞争的最重要的手段就是压低价格，或者要求更好的产品和服务，其谈判能力与购买数额直接相关。假定少量的购买者购买了一个行业的大部分产品，它们就会掌握很大的谈判主动权，使该行业面临价格下降的压力，最终降低该行业的盈利能力。

- 供应商的谈判能力。产品供应商的谈判地位是在与购买者实力的较量中形成的。如果关键投入品的供应商在行业中处于垄断地位，它就可以为产品索取高价，从而挤压需求方行业的利润空间。决定供应者谈判能力的关键因素是是否存在替代品。

（3）行业生命周期分析。一般而言，每个行业都要经历一个由成长到衰退的发展演变过程，这个过程称为行业的生命周期。

- 初创阶段。在这一阶段，新行业刚刚诞生或初创不久，只有为数不多的创业公司投资于这个新兴的产业。在初创阶段，行业的创立投资和产品的研究、开发费用较高，而产品市场需求狭小，销售收入较低，因此这些创业公司财务上可能不但没有赢利，反而普遍亏损，甚至可能破产。同时，企业还面临着由较高的产品成本和价格与较小的市场需求导致的投资风险。

- 成长阶段。在成长阶段，新行业的产品通过各种渠道以其自身的特点赢得了大众的认可，市场需求逐渐上升。由于受不确定因素的影响较小，行业的增长具有可预测性，行业的波动也较小。因此，投资者蒙受经营失败而导致投资损失的可能性大大降低，分享行业增长带来的收益的可能性则会大大提高。此外，拥有一定市场营销能力和财务力量的企业逐渐主导市场，其资本结构比较稳定，因而它们开始定期支付股利并扩大经营。

- 成熟阶段。行业的成熟阶段是一个相对较长的时期。行业增长速度降到一个更加适度的水平。在某些情况下，整个行业的增长可能完全停止，其产出甚至下降，因此行业的发展很难保持与国民生产总值同步增长，当国民生产总值减少时，行业甚至蒙受更大的损失。当然，由于技术创新、产业政策、经济全球化等原因，某些行业可能会在进入成熟期之后迎来新的增长。

- 衰退阶段。行业在经历了较长的稳定阶段后，就进入了衰退阶段。这主要是因为新产品和大量替代品的出现，使得原行业的市场需求减少，产品的销售量开始下降，某些厂商开始向其他更有利可图的行业转移资金，从而原行业的厂商数目减少。至此，整个行业便进入了生命周期的最后阶段。在衰退阶段，市场逐渐萎缩，当正常利润无法维持或现有投资折旧完毕后，整个行业便解体了。

以上分析表明，处于行业生命周期不同阶段的企业具有不同的收益-风险特征。为此，投资者应选择处于成长和成熟阶段的行业，这些行业有较大的发展潜力，基础逐渐稳定，赢利逐年增加，股息红利相应提高，有望得到丰厚而稳定的收益。

（4）行业经济周期分析。行业的经济周期分析讨论的是不同行业对经济周期的敏感程度，可从三个方面来衡量。

- 销售额变动的敏感性。一般而言，对经济周期敏感程度较低的行业，其销售额通常在经济周期的不同阶段不会有太大的变化，而那些对经济周期十分敏感的行业，其销售额在经济周期的不同阶段将会发生极其明显的变化。如果以销售额的增长速度来衡量行业发展状况，那么根据经济周期与行业发展的相互关系，可以将行业分为增长型行业、周期型行业、防御型行业三种类型。

- 行业经营杠杆系数。经营杠杆系数是指在其他条件不变的情况下，由于产品固定成本的存在而导致息税前利润变动率大于销售量变动率的杠杆效应。在其他条件不变的情况下，当公司固定成本上升时，其经营杠杆系数也会上升。因此，如果某一行业的可变成本相对较高，那么它对经济环境变化的敏感性就比较低，因为当经济衰退时，该行业所属的企业会由于销售量的降低而削减产量，从而使企业成本大大降低。反之则反。

- 行业财务杠杆。所谓财务杠杆，是指企业负债占资产总额的比重，用以说明企业负债对利润的影响程度。因为不管销售收入多少，企业必须支付债务利息。因此，债务利息可以看作是能提高企业净利润敏感程度的固定成本。也就是说，某行业负债占资产总额的比重越大，该行业对经济周期变化的敏感程度也越高；反之，那些负债率低的行业对经济周期变化的敏感程度也相对较低。

以上分析表明，不同行业在经济周期的不同阶段的业绩表现是不同的。一般而言，投资者应选择增长型的行业。增长型行业的特点是增长速度快于整个国民经济的增长率，投资者可享受快速增长带来的较高的投资回报，但投资风险较大。此外，投资者也不应排斥增长速度与国民经济同步的行业，这些行业一般发展比较稳定，投资回报虽不及增长型行业，但投资风险相应也小。如果要选择受经济周期影响大的行业，就要考虑经济周期的循环阶段，也可以获得理想的回报。

2．影响行业发展因素

行业的兴衰与国民经济发展的特定阶段有较强的相关性，在同一时期，一些行业与国民经济同步增长，一些行业可能领先于国民经济增长，还有一些行业可能随着国民经济的增长反而衰落甚至消失。

- 技术进步。在科学技术发展日新月异的今天，新技术向实用技术的转化过程被大大缩短，技术进步对行业的生存和发展会产生极其深刻的影响，有时甚至是决定性的影响。它一方面决定了新产业的兴起和旧产业的消亡；另一方面也推动了现有产业的技术升级。

- 政府的影响和干预。政府影响和干预的行业主要有：自然垄断型行业，如公共事业；关系国民经济发展全局和国家安全的行业，主要包括国民经济支柱行业、金融业、高科技行业、传媒及出版业、国防行业等。政府对这些行业影响和干预主要包括经营范围、增长速度、价格政策、利润率等方面。政府对于行业的影响和干预主要通过产业政策来实施。产业政策带有指导性、协调性的特点，且其实施需要依靠财政、货币、收入政策的配合。

- 习惯的改变。随着人们生活水平和受教育水平的提高及社会文明程度的变化，人们的消费心理、消费习惯和社会责任感会逐渐改变，从而引起对某些商品的需求变化并继而影响到相关行业的兴衰。这些社会观念、社会习惯及社会趋势的变化对企业乃至行业的经营活动、生产成本和利润收益等方面都会产生一定的影响，使一些不再适应社会需要的行业衰退，同时又激发新兴行业的发展。

- 全球化。经济全球化的内涵很宽泛，既包括各种市场、经济活动的国际化，又包括各国经济相互依赖性的增强，其突出表现就是使生产要素，特别是资本和技术在全球范围内自由流动和配置。这必然引起国际分工的基础和模式的深刻变化，使各国形成不同的行业比较优势和比较劣势。这里仅注重研究进出口贸易、国际产业转移对一国行业发展的影响。

5.3 实验内容

5.3.1 中国宏观经济指标观察与分析

进入东方财富通主窗口，选择【数据】——【宏观数据】，如图 5.3.1 所示，可以看到下级菜单中一系列的宏观经济指标。选择某一宏观经济指标单击进入，可以看到该经济指标的历史数据及其走势图。

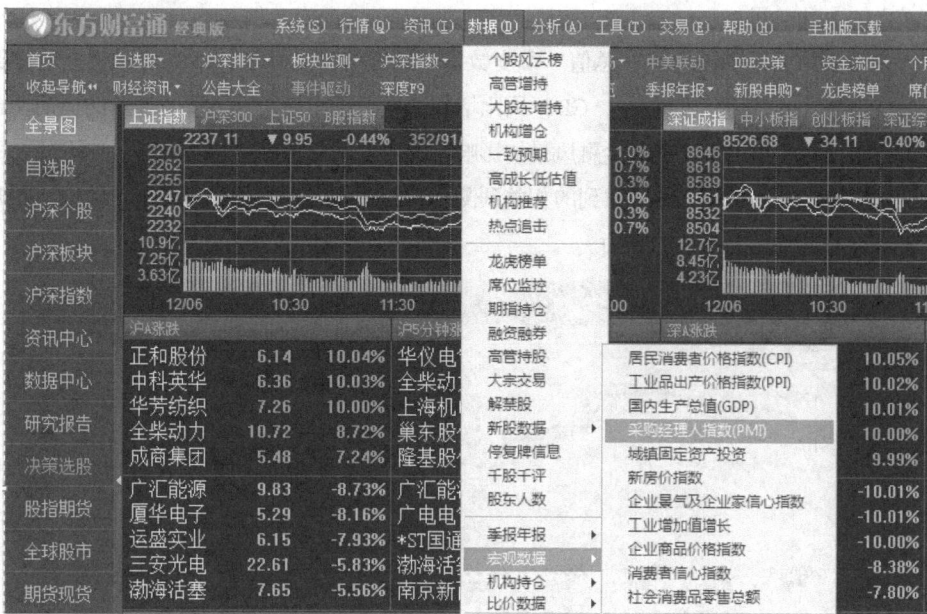

图 5.3.1　宏观经济指标查询

1. 采购经理人指数

采购经理人指数（PMI），其体系涵盖着生产与流通，制造业与非制造业领域，是国际上通行的宏观经济监测指标体系之一，对国家经济活动监测和预测具有重要作用。采购经理人指数是以百分比来表示，常以 50%作为经济强弱的分界点：当指数高于 50%时，则被解释为经济扩张的讯号。当指数低于 50%，尤其是非常接近 40%时，则有经济萧条的忧虑。一般在 40~50 之间时，说明制造业处于衰退，但整体经济还在扩张。 它是领先指标中一项非常重要的附属指标。通过图 5.3.2，可以看出从 2008 年 1 月到 2009 年中旬，由于金融危机的影响，采购经理人指数迅速下降，预示了经济的衰退。

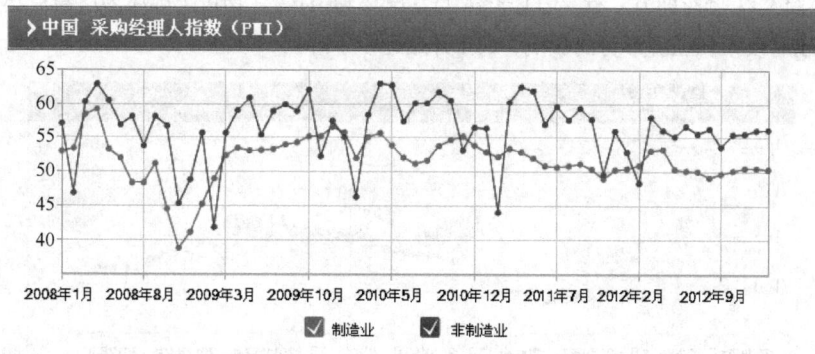

图 5.3.2　采购经理人指数（PMI）

2. 国内生产总值

国内生产总值（GDP）是在一定时期内（一个季度或一年），一个国家或地区的经济中所生产出的全部最终产品和劳务的价值的总和。快速增长的 GDP 表示该国经济正迅速扩张，公司有充足的机会来提高销售量，企业的利润将持续上升，投资风险相对减小，从而股票可能有较大的上升空间。

先观察中国近期国内生产总值（季度数据）的走势图。从图 5.3.3 可以明显地看到，从 2007 年到 2009 年整个过程中，GDP 同比增长速度呈现出增长—下降—增长的周期性趋势。2007 年到 2008 年由于受全球金融风暴的影响，国内生产总值季度增长速度急剧下降，从最高 12.2% 降到 6.1%。这与之前观察到的相关预测指标制造业经理人指数表现出一致性，同时也表明经济增长面临着非常大的压力。

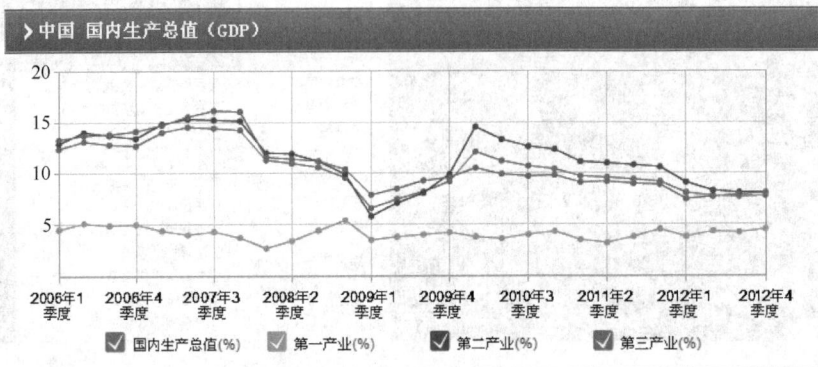

图 5.3.3　国内生产总值（GDP）

3. 通货膨胀

通货膨胀指一般物价水平持续、普遍、明显的上涨。高通货膨胀经常与过热的经济联系在一起，当对产品和劳务的需求超过了该经济的生产能力时，它就对导致价格升高的压力。衡量通货膨胀率的价格指数一般有三种：消费者物价指数、生产者物价指数、GDP 平减指数，而居民消费物价指数（CPI）是使用的最多、最普遍的经济指标。

从图 5.3.4 中可以看出，由于金融危机的影响，随着经济的下滑，居民消费物价指数从 2008 年 1 月开始下降。由于政府采取了积极的财政政策和宽松的货币政策，经济缓慢恢复，2009 年开始 CPI 逐步回升，在 2011 年 7 月一度达到 6.5%，物价上涨压力严重。从 2011 年底，由于政府政策和经济形势的影响，CPI 开始逐步下降。

图 5.3.4　居民消费物价指数（CPI）

4. 利率

高利率会减少未来现金流的现值，因而会减少投资机会的吸引力。从宏观经济分析的角度看，利率的波动反映出市场资金供求的变动状况。在经济持续繁荣的增长期，资金供不应求，利率上升；当经济萧条市场疲软时，利率会随着资金需求的减少而下降。同时利率还影响着人们的投资、消费和储蓄行为。利率结构也影响着居民金融资产的选择，影响证券的持有结构。

图 5.3.5 显示了中国从 2002 年初至 2012 年 10 年间的一年期存贷款基准利率变化情况。在经济过热，通货膨胀严重时，央行提高利率以抑制过热的经济；当经济萧条市场疲软时，央行会降低利率以促进投资带动经济的增长。

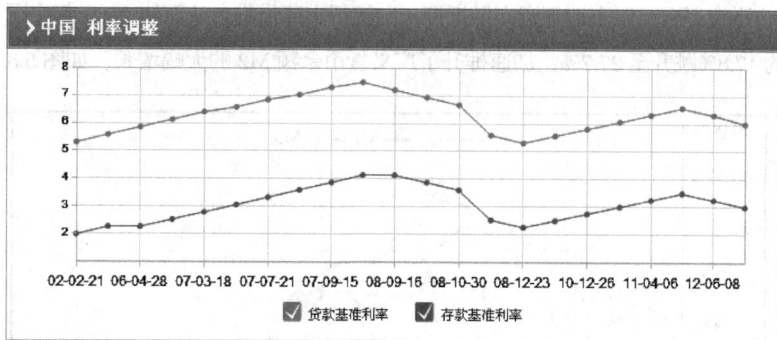

图 5.3.5　利率

5.3.2　财政政策与货币政策的观察与分析

1. 财政政策的观察与分析

中国政府 2009 年政府工作报告指出："政府的工作，以应对国际金融危机，促进经济平稳较快发展为主线，全面实施促进经济平稳较快发展的一揽子计划。大规模增加政府投资，实施总额 4 万亿元的两年投资计划。"

对政府财政政策影响进行归纳总结的一个普遍方法是考察预算的收入与支出之间的差额，即是赤字还是盈余。图 5.3.6 显示了我国 2002～2011 年的财政收支状况和赤字情况。巨额的赤字意味着政府支出大大超过了它从税收中的收入，预示其净效果就是对产品或劳务需求的促进（通过政府支出）超过了对产品需求或劳务需求的压制（通过税收）。从图中可以看出，除了 2007 年财政收入大于支出外，其余各年都施行了赤字财政，尤其在 2009 年，赤字达到了 7781.63 亿元。

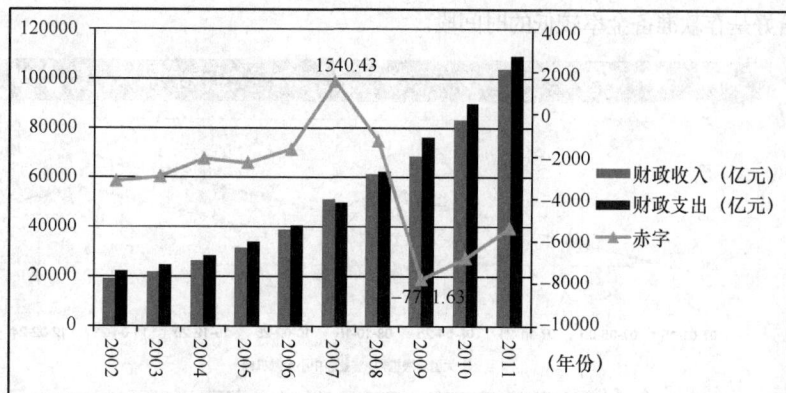

图 5.3.6　财政收入与财政支出

2．货币政策的观察与分析

在货币政策的宏观调控中，货币供给的增加可以降低利率，从而刺激投资需求；货币供给的减少可以提高利率，从而抑制投资需求。现阶段，中国的货币政策工具主要有公开市场操作、存款准备金、再贷款与再贴现、利率政策、汇率政策和窗口指导等。

由于 2008 年金融危机的影响，2009 年政府实施适度宽松的货币政策，保证货币信贷总量满足经济发展需求。此外，中国推出了 4 万亿的投资计划、十大产业振兴规划，结果导致地方政府纷纷通过地方融资平台，以土地等资产做抵押，向银行大肆借贷，从而使 2009 年中国 M2 增长率从 2008 年的 17.8%跳升至 27.7%，加速推升了广义货币余额 M2 的大幅增长。如图 5.3.7 所示。

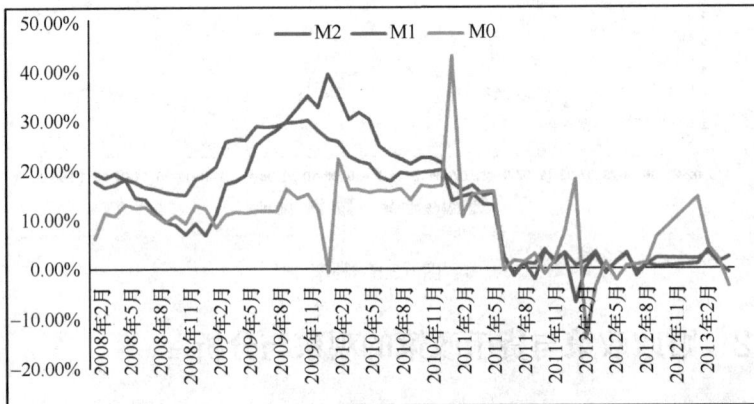

图 5.3.7　货币供应量

存款准备金制度的初始作用是保证存款的支付和清算，之后才逐渐演变成货币政策工具，中央银行通过调整存款准备金率，影响金融机构的信贷资金供应能力，从而间接调控货币供应量。图 5.3.8 是近年来中国金融机构存款准备金趋势，从整体上来看，中国存款准备金率的调整比较频繁，每次调整幅度都比较小。2007 年央行不断提高存款准备金率，2008 年下半年，由于金融危机的影响，央行采取宽松的货币政策，下调存款准备金率，并对大小金融机构施行差别存款准备金率。2010 年开始又由于通货膨胀的加剧，央行采取紧缩的货币政策，不断上调存款准备金率。大型金融机构的存款准备金率甚至在 2011 年 6 月达到了 21.5%的高位。图 5.3.9 显示了 2008 年开始各个月份的新增贷款，从图中可以看出，新增贷款较多的月份恰好是存款准备金率较低的时间段。

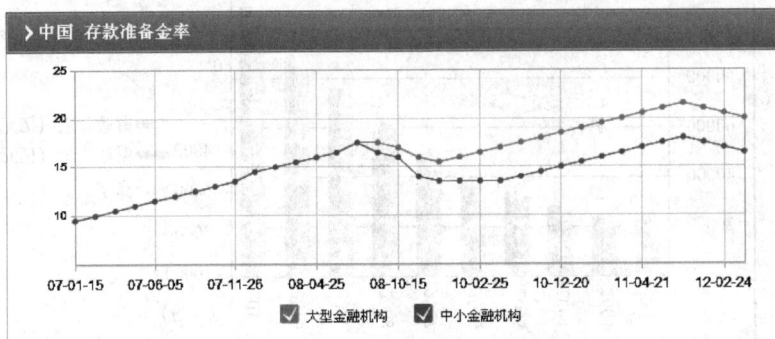

图 5.3.8　存款准备金率

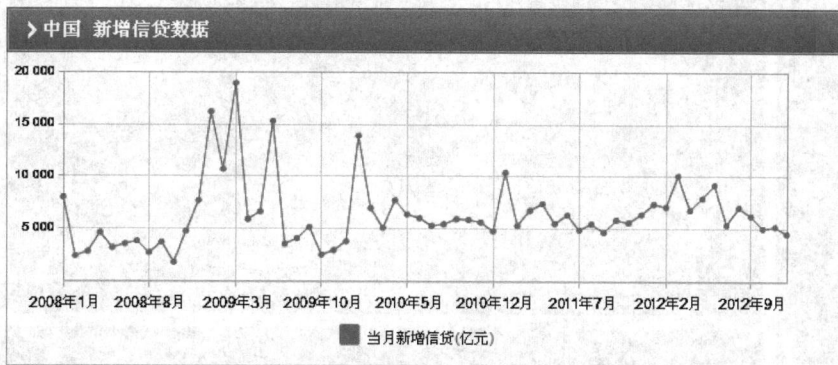

图 5.3.9　新增信贷数据

5.3.3　行业相关信息查询

1.当日行业涨幅查询

进入通达信行业分析系统，单击【板块联动】可观察行业涨幅及行业个股排名，如图 5.3.10 所示。

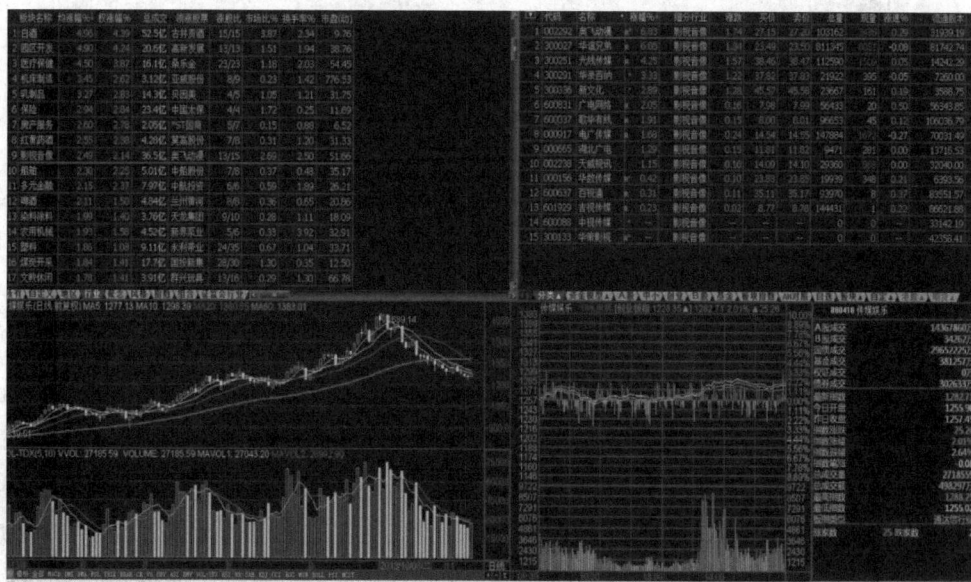

图 5.3.10　行业涨幅排名

2.行业信息查询

打开通达信系统，单击【资讯】，出现如图 5.3.11 所示界面，可查询最新行业信息及其他资讯。

3.行业研究报告查询

可进入东方财富网行业专栏，网址为 http://data.eastmoney.com/report/hyyb.html，如图 5.3.12 所示。

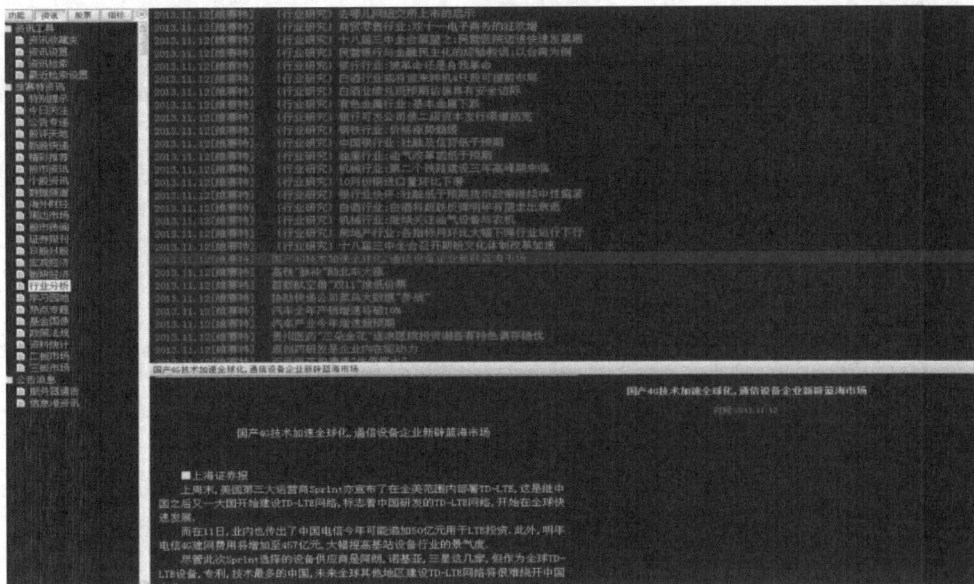

图 5.3.11　行业资讯查询

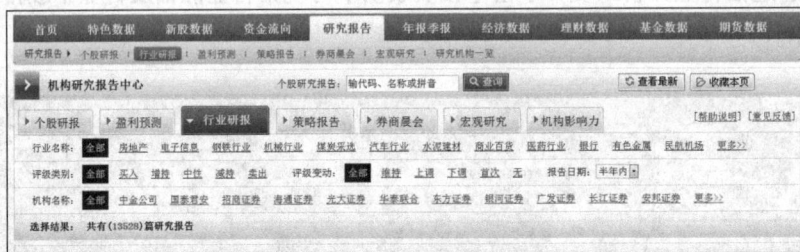

图 5.3.12　行业研究报告查询

5.3.4　行业分析案例

行业分析以医药行业为例。

中国医药行业已经从机会竞争期、市场竞争期、政策竞争期、资源竞争期迈进重大战略发展机遇期。重大战略机遇期的特征是"经济环境好、利好政策多、行业发展快、国家和市场促进医药行业发展、医药行业带动医药企业发展、企业发展机会层出不穷"。即将到来的重大战略发展机遇期是由人口老龄化趋势、国民健康意识空前高涨、宏观经济稳健发展、医疗财政支出逐步提高、医保全覆盖、行业规则规范化等有利因素综合作用形成的，这些有利因素为中国医药行业发展提供了良好条件和契机，并将对中国医药行业创新和国际突破产生长远和深刻的影响。[②]

1.医药股投资逻辑

（1）中美比较—未来 5～10 年中国医药股有望持续走强。20 世纪 80～90 年代是美国医疗保健行业黄金发展期，行业增速 10%以上，超 GDP 增速，医疗保健指数持续上涨并跑赢

② 医药行业分析来自国信证券经济研究所"医药行业 2013 年中期投资策略"（作者：贺平鸽、丁丹、杜佐远、胡博新、刘勃）。下载自"慧博智能策略终端"。本教材进行了删减。特致谢意！

大盘，绝对估值水平维持高位并保持相对大盘的溢价率。2000 年后医疗保健行业增速逐步下降至目前的 5%与 GDP 增速基本持平，医疗保健指数停滞不前并与大盘同步，估值溢价率消失。

而目前中国医药市场可类比于 20 世纪 80~90 年代的美国医疗保健行业，未来 5~10 年中国医药市场有望演绎美国市场 80~90 年代黄金成长期，且在目前 PEG 合理偏低的估值水平下，医药指数有望持续走强。

从三个角度分析目前中国医药行业估值水平：短期估值水平合理，中长线可能略偏低。

绝对估值与历史比较：目前 13PE27X，[③] 处于历史相对低位。相对估值与历史比较：相对大盘溢价率 151%，处于历史相对高位。PEG[④]比较：中国医药行业 2013 年 PEG 为 1.48，低于美国和中国医药行业历史 PEG 均值（均值均为 2.5），处于历史低位。

（2）追寻医药牛股基因："创新+资源"。分析全球医药各细分领域牛股成长之路，可将牛股基因概括为"定价权"，而"定价权"来源于"创新、资源"两方面，体现为"持续推出具定价权产品的能力"。

创新：化学制药、生物制药和医疗器械领域各自的典型企业代表辉瑞、安进、美敦力通过"创新"，持续推出专利产品，快速实现壮大。

资源：宝洁通过收购和自身研发形成"多品牌、多元化"战略，以宝洁为平台，充分利用、整合、共享各品牌"资源"（资本资源、渠道资源、技术资源），打造各细分市场知名品牌，形成庞大的资源共享、交叉互补的产业网络和价值网，成为日用消费品领域巨头。

（3）A 股案例研究——医药股估值差异由什么决定？

分析各细分子领域龙头云南白药、天士力、恒瑞医药、双鹭药业历年 PEG，得出如下规律：公司上市早期，PEG 波动较大，随着上市公司发展逐步稳定，资本市场逐步成熟和理性，近 5 年尤其是近 3 年，PEG 基本围绕 1 上下波动，且幅度不大。因此，医药股估值首先由未来近 3 年成长速度决定（反应在 PEG 上约等于 1），其次是成长持续性（反应在产品储备、产业影响力、中长期前景等综合方面）。

（4）医药股投资选择。虽然中国医药企业的创新能力整体偏弱，但中国医药市场足够大，为具有创新、资源素质的企业提供了广阔的成长空间，"创新+资源"企业将凭借先发优势完成从小到大、从弱到强的三阶段成长。据此，未来 5~10 年会有牛股诞生。首先是中药，民族的即是世界的，是长线牛股的摇篮，牛股属性强，其中：现代中药（传承+创新，专利领航，国际化）、品牌中药（价涨，量增，资源整合，向大健康、大消费领域拓展）；其次是生物制药，整体落后欧美 10~20 年，以单抗、长效重组蛋白药物为代表的新一代生物仿制药（仿创药）是我国未来发展方向（未来 10 年生物制药迎来专利到期高峰，生物仿制药研发难度大，审批严格，因此竞争格局好，降价少）。再次是化学制药，整体落后欧美 20~30 年，定位创新或仿创的高端专科药企是关注重点，但因跟国际化学药巨头直接竞争，且创新药研发难度大，仿制药降价压力大，牛股属性偏弱。最后是医疗器械与服务：整体偏低端，

---

③ "13PE27X"指 2013 年 27 倍市盈率。

④ PEG=当年 PE/未来 3 年净利润复合增长率×100。详见第 7 实验单元。

看商业模式。

由此可构建中长线牛股基因组合。创新型：天士力、和佳、中恒、以岭、康缘、双鹭、高新、恒瑞、华东、人福、华兰、海正；资源型：白药、广药、同仁堂、阿胶、片仔癀。

2．医药经济运行态势

（1）整体判断：收入稳定、利润波动。长期判断：过去 20 年和未来 5～10 年，医药工业的收入增长持续强劲且波动并不大，因医疗保健的刚性需求+持续的消费升级！但利润增速每 3～4 年发生景气转换，政策扰动及其预期使然。

中期判断：维持"2011～2014 年医药工业进入一轮收入趋缓、效益趋弱周期，之后再次步入效益景气上升周期"判断。

短期判断：医药工业收入增速 20%左右，利润增速 16%～20%。

（2）中国药品市场规模持续稳定增长。药品市场规模由 2000 年的 1572 亿元上升到 2012 年的 10749 亿元，CAGR 17.4%。依据目前医保支出增速趋势，预计 2013 年药品市场规模 12623 亿元，同比增长 17.4%，未来 5～10 年，医药市场有望在"刚性需求 VS 医保支付方式改革"中保持 15%～20%增长。

从药品销售的三大主要终端来看，最大的医院终端市场规模保持 15%～20%的稳定增长；零售药店终端竞争激励且受基层医疗影响增速在 10%～15%；而代表着基层医疗消费的第三终端则是增长最快的细分领域，新基本药物目录从 5 月 1 日执行，品种数量增加拉动增长。预计 2013 年保持 30%左右的增速。

此外，与其他制造业比较：成长性和盈利能力的稳定性继续突出。

3．中国医改路径探析

医改是个系统性工程，涉及多方利益。本报告梳理了已经和正在执行的政策，搭建了医改路径的理论框架，对政策所触及的领域进行归类，为后续跟踪政策，分析问题，提供了较清晰的线索。

（1）医改的核心是建机制。

医生是医改的核心，围绕医生要转变激励机制，即从目前的"以药养医"机制转变为基于绩效的激励机制，使医生工作的动力从药品回扣，转变成为病人提供服务的数量和质量。

其次，医保支付方式由按项目转为总额预付、按人头、按病种等付费方式，对医生的医疗行为设置约束。要建立起对医生的约束机制，否则激励会转化为过度激励，推动过度治疗的出现。最后，要设置完备的药价机制，药品是完成治疗的重要工具，药价机制要兼顾降低医疗成本的短期效应和维护医药行业竞争力的长期战略。通过《药品价格管理办法》，使创新药和仿制药价值得到合理体现，药品价格可预期，保证企业的活力。药品的采购应该回归主体，由医院和医保负责。

（2）通过分析我国医改现状，结合国外经验，描绘出我国医改可能的路径图。

第一步，发改委调价和招标降价效果有限。政府试图通过发改委调价和招标降低，减轻百姓用药负担。第二步，激励机制不变，约束机制出现。通过医保支付制度改革，初步建立对高价药的约束机制，引导医生处方时自己开展博弈，平衡医保超标的惩罚与开高价药拿回扣的获益，高价药的使用受到一定约束，但对患者的关注度仍然低，总体呈现的结果是药品增速和医保支出增速趋近。第三步，初步破解以药养医。通过执行零差率，将医院使用高价药的动力消除，但医生拿回扣的动力仍在；同时考验零差率后政府的补偿能力，或引发"二次议价"；政府补偿即便跟上，需要建立基于绩效的考核机制，来反应医生服务的差异，形成医生劳动的有效激励。第四步，彻底破除医药养医。在切断院长对高价药使用动力后，在这个阶段打破医生的回扣动力，彻底实现门诊药房分离。同时，建立一个对医生的基于对患者服务数量和质量的绩效考核机制，医疗服务要提价。医保支付制度成熟，按病种付费等精细化管理方式普遍实行。

（3）医改成功的一个重要保障——政府投入。

通过提高医疗服务价格，可部分对冲医院和医生药品收益减少的损失。不能对冲部分政府一定要投入，以保持医务工作者积极性。政府投入方面，直接投资到医保上比投到医院更有效率，通过医保的支付管理机制，体现在医生的劳动绩效上，医保作为医疗服务购买者应该发挥更大的监督作用。

（4）解决看病难的一个有效途径——分级医疗服务机制和医联体。

通过报销等安排，鼓励或强制患者根据病情需要先到全科社区门诊就诊，大医院提供专科服务，从而缓解看病难问题，使医疗资源得到有效利用。由于基层医疗机构的服务水平较低，通过医联体模式，高端医院托管基层医疗机构，协助其提高医疗服务水平，使医疗资源得到更合理的应用。

（5）政策向着有利于龙头企业的方向演进。

纵观政策的变化，展望政策的趋向，实际都在向着有利于龙头企业的方向演进，大批小企业将被迫淘汰。经过洗礼生存下来的"优势企业+好产品"，有望实现产业升级、获取"阳光利润"，充分受益于中国医药市场蛋糕扩大。

4．上市公司业绩趋势：强者恒强、趋势分化

（1）收入增速放缓，但扣非后净利润增速提升。

2012 年报：171 家医药公司 2012 年收入 4843 亿元，增长 17.28%（11 年为 21.55%）；营业利润 419 亿元，增长 10.27%，利润总额 460 亿元，增长 9.46%，归属母公司股东净利润 356 亿元，增长 9.58%，扣非净利增 14.45%，较 11 年的 0.91% 显著提升。2012 年原料药子行业收入增 0.74%，归母净利润下降 7.31%，扣非后净利润下降 48.63%，扣除原料药子行业，2012 年医药板块收入增 19.67%，归母净利润增 11.75%，扣非后净利润增 16.79%，较 2011 年的 9.70% 显著提升。

2013 一季报：171 家医药公司 2013Q1 收入 1332 亿元，增长 15.23%（11 年为 18.16%）；营业利润 122 亿元，增长 10.19%，利润总额 128 亿元，增长 14.38%，归属母公司股东净利润 99 亿元，增长 16.79%，扣非净利增 13.01%，较 2012Q1 的 7.93% 提升。2013Q1 原料药子行业收入增 9.59%，归母净利润下降 14.20%，扣非后净利润下降 20.37%，扣除原料药子行业，2013Q1 医药板块收入增 15.94%，归母净利润增长 20.62%，扣非后净利润增长 17.31%，较 2012Q1 的 2012.58% 提升。

（2）增长持续分化，高增长比例连续 2 年下降后 2013Q1 回升较多。

2013Q1 上市公司增长持续分化，高增长比例连续 2 年下降后 2013Q1 大幅回升：净利润增速 100%以上的 16 家（12、11 和 10 年分别为 4、10 和 21 家）、增速 50%～100%的 11 家（12、11 和 10 年分别为 16、14 和 22 家）、增速 20%～50%的 47 家（12、11 和 10 年分别为 45、52 和 48 家）。增速在 20%以上的 74 家公司占医药上市公司数量 43%（12、11、10 年分别为 38%、45%、54%），贡献板块净利润 46%。

（3）成本、限价压力趋缓促毛利率提升，销售费用压力仍较大，盈利能力基本维持略降。

经历 2011 年的药品招标限价压力和中药企业成本压力，2012 年起压力趋缓，表现为板块 2012 年、2013Q1 毛利率分别提升 0.61%、1.00%。但销售费用增速快于收入增速较多，而管理费用率、财务费用率基本持平，导致整体盈利能力基本持平略降。

（4）各子行业板块变化和趋势。

中药板块：总体保持较快增长，独特资源+独家品种企业投资价值突出。中药子行业目前受政策影响较小。下半年对中成药的降价有望推出，考虑到近年药材价格持续上涨的现实，大幅降价的可能性较小。但不排除对个别空间大的独家品种的从严审核。新版基药目录中，中药品种数量翻倍，且不乏独家品种，体现了国家对于中成药的扶持态度。随着基药制度的完善和推进，这些中药独家品种市场机会巨大。中药注射剂延续增长势头，尤其是心脑血管、抗肿瘤、抗感染等领域的优势品种，具有在大治疗领域的独家品种的中成药企业，其产品价格不易受到招标降价的影响，盈利水平有望保持。中药重点公司：拥有独特资源和独家品种的企业如天士力、白药、康缘、红日、昆药、广药、同仁堂、片仔癀等仍保持较高或较稳定增速。阿胶在 Q1 控货后，发货有望逐步恢复，品牌价值依然突出。中恒集团血栓通增势良好。

化学制剂板块：产品价格压力普遍较大，专科药较快增长。受到发改委本轮调价影响，13Q1 部分品种增长受压，如恒瑞多西他赛等肿瘤线品种，华东免疫抑制剂品种等。进入基药的化学仿药面临政策的不确定性，尤其氯吡格雷、多西他赛、阿卡波糖等重点品种，面临基药招标带来的价格下滑，及"上下衔接"可能导致份额重新分配。近期发布的广东省药品交易规则（试行）（征求意见稿）若严格执行，将对竞争性品种造成巨大的不利影响。

化学制剂重点公司：专科药较快增长，普药延续受压，抗生素有所恢复。高端专科用药保持较快增长。高端专科用药竞争相对不激烈，招标限价压力相对较小，在医保控费背景下，刚性需求和价格优势有望进一步扩大市场份额，在进口替代上更进一步，如恒瑞、华东、人福、信立泰、翰宇、丽珠。普药继续面临招标限价和成本双重压力。普药企业竞争激烈，招标限价和成本压力仍然较大。抗生素利润有所恢复：部分企业 2011 年经历原料价格波动，2012 年迎来恢复性增长。行业整体受限抗影响延续，难有持续增长。

化学原料药板块：价格分化，业绩波动。大宗原料药，品种价格走势分化，维生素企业业绩普遍下滑。抗生素及上游中间体、母核自 2012 年触底反弹以来，价格逐步企稳，相关企业盈利逐步好转。2012 年维生素价格呈逐季下滑趋势，到 2013 年 3 月部分品种价格才逐步反弹，受此影响大部分维生素企业在 2012 年以及 2013 年 Q1 业绩均有所下滑。特色原料药，出口订单减少与降价压力，企业业绩剧烈分化。海正药业和海翔药业因主导品种订单减少或者价格下滑，2012 年和 2013 年 Q1 净利大幅下滑。华海药业因特色品种继续放量以及制剂出口突破，2012 年和 2013 年 Q1 净利迅速增长。特色原料药企业业绩剧烈分化，主要是不同企业所选择原料药品种以及处于产业升级阶段不同。产业升级是一个长期过程，能否持续领先，取决于储备产品的潜力和综合生产，研发能力。

生物药板块：细分子领域差异较大。血液制品受益于发改委提价和部分企业更改增值税缴税方式，出厂价格有所提高；但行业总体受制于资源瓶颈，持续增长性弱，期待各地审批提速；疫苗同质化竞争将更趋激烈，盈利降低；重组蛋白药物差异较大，以白介素、集落刺激因子为代表的一代药物市场空间有限，竞争激烈，生长激素等增长仍较好。生物药重点公司：华兰生物重庆公司 2013 年全面贡献业绩，价值血液制品出厂价格略有提升，推动公司 2013 年高成长；长春高新的盈利能力和增长性有望保持；双鹭药业产品储备丰富，主业增长明确，值得中长期耐心持有。

医疗器械板块：国内需求旺盛，出口增长恢复。县级医院正处于建设高峰期，整体建设订单多，对器械采购依然保持旺盛。公立医院试点改革逐步推开，医疗机构对检验、检查等医疗服务日益重视，推动 IVD 行业稳步增长。出口方面，欧洲代理商恢复采购，出口显著恢复。医疗器械重点公司：和佳股份受益县级医院建设，订单和业绩均快速增长；新华医疗受 GMP 改造和大输液设备更新，保持高增长；IVD 行业的科华生物和利德曼，生化试剂增长较快；宝莱特受益监护仪出口恢复，2013Q1 净利大增。

医药商业：龙头收入增长超行业平均和毛利率继续下降两大趋势不变。对比 2011 年，2012 年、2013 年 Q1 收入增速显著放缓，其中 3 月份下滑最为明显，广东，上海，浙江等区域医院采购为个位数增长。龙头公司依靠外延扩张，收入增长获得超越行业平均的增速。由于中标价格的螺旋式下降，行业毛利率继续缓慢下行。2013 年 1 季度以来部分区域竞争加剧，对医院客户的账期延长，导致现金流状况变差。银根有所宽松，特别是票据贴现利率下降，多数医药商业企业现财务费用增速放缓甚至下降。新版 GSP 从 6 月实施，进一步提升行业集中度，预计 2013 年重点商业企业增速仍会超越行业。行业竞争仍会加剧，企业对医院客户账期延长，现金流状况可能会进一步变差。

5.4　思考与练习

1. 对于处于严重衰退中的经济应采用怎样的货币政策与财政政策？
2. 搜集我国通货膨胀率的数据，分析其对证券市场的影响。
3. 整理我国存款准备金变化数据，分析存款准备金变化对证券市场的影响。
4. 选定两个你感兴趣的行业搜集其相关数据，并进行比较分析。
5. 讨论不同行业的证券市场表现与其经营业绩水平是否一致并说明原因。

第 6 实验单元　公司分析

6.1　实验概述

◆ **实验名称**
公司分析

◆ **实验目的**
学习公司基本素质分析方法。了解公司财务数据查询和财务分析的方法。学习通过财务数据分析上市公司的经营状况。

◆ **实验工具**
东方财富通、同花顺、大智慧和通达信等证券行情分析软件。

6.2　实验理论基础

证券投资基本分析除了分析宏观经济以判断投资环境、分析行业经济以确定投资领域外，还要具体分析上市公司的情况。公司基本素质分析是投资者了解公司的第一步，而公司财务分析则从公司资产负债表、利润及利润分配表、现金流量表等财务报表入手，对其中最常用的财务指标进行深入的分析，借以衡量公司目前的财务状况，并预测公司未来的发展前景。

6.2.1　公司基本素质分析

1. 公司行业地位分析

公司在本行业中的竞争地位是公司基本素质的首要内容。市场经济的规律就是优胜劣汰，没有竞争优势的公司，注定要随着时间的推移而逐渐萎缩及至消亡。而公司在同行业中的竞争地位，主要依靠规模经营优势、优异的产品质量、先进的技术水平、高效的经营管理等条件，最终集中表现在公司产品的销售额及其增长速度上。因此，公司的竞争能力及其行业地位可通过年销售额、销售额年增长率、年销售额稳定性、年销售利润率等指标来实现。

2. 公司经济区位分析

区位，或者说经济区位，是指地理范畴上的经济增长带（点）及其辐射范围。区位经济是公司运营的外部环境。它将上市公司的价值分析与区位经济的发展联系起来，以便分析上市公司未来发展的前景，确定上市公司的投资价值。公司经济区位分析一般从三个方面入手：一是区位内的自然条件与基础条件，二是区位内政府的产业政策，三是区位内的经济特色。

3．公司产品分析

公司的竞争能力主要依靠资金实力、规模经营优势、优异的产品质量、先进的技术水平、高效的经营管理等条件，衡量的是整体性竞争力。

对公司的具体产品尤其是其主营业务产品进行分析，包括产品的竞争能力和产品的市场占有情况。公司产品要在激烈的市场竞争中获胜必须要有自己的优势，具体可分为成本优势、技术优势、质量优势和品牌优势。

4．公司管理水平分析

公司的经营管理能力和管理水平直接影响公司的盈利和长期发展，是投资者在选择投资对象时必须考虑的条件之一。公司经营管理水平可从公司各级管理人员的素质及能力、公司经营效率、公司内部调控机构效率等方面加以评定。

6.2.2 公司财务分析

投资者决定投资某公司股票之前，必须先研读该公司的财务报表。尽管对于股票估值问题来说，经济收入比会计收入更重要，但财务报表是决定股价定位的基础，其重要性是毋庸置疑的，另外，财务会计数据较容易得到。当然，财务报表也不是万能的，它只能反映公司的经营成果和财务状况，甚至当投资者得到这些数据时，也可以说已事过境迁（财务报表公布存在滞后性）。因此，投资者应对该公司公开的一系列资料加以收集和分析。只有通过对上市公司的财务资料、业务资料、投资项目、市场状况等资料进行全面综合分析，才能估计该公司股票的内在价值，借以判断股票在市场上是否恰当定价。

1．公司财务信息的来源

一个公司如果其股票上市交易，就必须真实、准确、完整、及时地向所有投资者公开披露信息。根据《上市公司信息披露管理办法》的规定，上市公司信息披露文件主要包括招股说明书、上市公告书、定期报告和临时报告等。这些报告虽然包括许多非财务信息，但大部分信息具有财务性质或与财务有关。投资者或潜在投资者可从这四项公开披露的重要文件中获取重要财务信息。在上市公司公开的信息中，最为全面系统的财务资料当属上市公司的年度和中期财务报表。

2．公司的主要财务报表

反映公司经营成果和财务状况的财务报表主要有资产负债表、利润及利润分配表和现金流量表。资产负债表和利润及利润分配表都是以权责发生制为基础来编制的，即使没有发生现金交易，收入和费用也在其发生当时就得到确认。而现金流量表以收付实现制为基础来编制，只承认产生了现金变化的交易。现金流量表与利润及利润分配表之间的另一个重要差别是关于折旧的处理。现金流量表在设备购置的现金支出发生时就确认为现金流出，而损益表是将这一巨大支出平分在一个很长的时间段上以便真实地反映公司的盈利能力。因为一次性巨大支出会扭曲公司在支出时段的盈利水平。由于现金流量表的关键数据都来源于资产负债表和利润及利润分配表，反映的是公司在会计期内因现金及现金等价物的流出流入而引起的资产、负债和权益变化的动态过程，因此，从某种程度上说，现金流量表还发挥着连接资产负债表和利润及利润分配表所代表的存量和流量的桥梁作用，既为投资者预测公司未来的现金流量提供了数据基础，也使得财务报表体系在信息披露方面更为完善。

3．财务报表分析的目的与方法

了解主要财务报表中每个项目的含义仅仅是第一步，更为重要的是要领会财务报表分析的目的与方法，以获得准确的信息，进而评价过去的经营业绩、衡量现在的财务状况、预测未来的发展趋势。

对投资者来说，财务报表分析的主要方法是比较分析法，具体又分为单个年度的财务比率分析、不同时期比较分析、与同行业其他公司之间的比较分析。

财务比率分析是指对本公司一个财务年度内的财务报表中两个相关的项目数据相除，用系数（倍数）、百分数等形式来揭示项目之间存在的逻辑关系以及公司资本结构、偿债能力、资产管理效率、盈利能力等财务状况和经营成果。

对本公司不同时期的财务报表进行比较分析，就是计算增长比率，从一个较长的时期来动态地分析公司持续经营能力、财务状况变动趋势、盈利能力等方面的状况。增长比率分析有三种计算方法：一是同比增长分析，主要是为了消除季节变动的影响，用以说明本期增长水平与去年同期比较而达到的相对增长。二是环比增长分析，也就是将报告年度的财务变动数据与前一期水平进行比较，说明在相邻两个时期增减变化的程度。三是定基增长分析，就是将报告年度的财务变动数据与某一固定时期的水平进行比较，旨在说明现象在一定时期内总的增减变化的程度。

与同行业其他公司之间的财务指标比较分析，可以了解公司各项指标的优劣。常选用行业平均水平或行业标准水平为比较基础，判断公司在本行业中所处的地位，认识优势与不足，评估公司的价值。

6.3　实验内容

由于财务分析的内容较多，在本实验中，首先对公司的基本情况进行了解，然后对公司的财务数据（盈利能力和偿债能力等方面）进行纵向和横向的对比分析，然后对公司进行综合分析。本实验以天士力（600535）为例，采用东方财富通软件。

6.3.1　公司信息查询

1．公司基本信息查询

进入东方财富通软件的主界面，输入天士力的代码600535，进入个股界面。选择 F10或者个股左侧的资料，在资讯画面中可以看到公司概况、经营分析、财务分析、盈利预测、与同行比较等公司重要的资料信息。如选择上面标签中的公司概况，可以看到公司的名称、法人代表、上市日期、行业分类、注册资本和经营范围等一系列基本信息，如表6.3.1 和表 6.3.2 所示。从表 6.3.1 中可以得知，天士力（600535）成立于 2001 年 9 月 19日，注册总资本 5.02 亿元，所属行业为制药行业。从表 6.3.2 中可知天士力股票发行的相关情况。

表 6.3.1 天士力公司概况

600535 天士力	最新价:44.00	涨跌:-0.57	涨跌幅:-1.28%	换手:0.60%	总手:61635	金额:27420万

操盘必读	股东研究	经营分析	核心题材	新闻公告	公司大事	公司概况	同行比较
盈利预测	研究报告	财务分析	分红融资	股本结构	公司高管	资本运作	关联个股

基本资料 | 发行相关

公司名称	天士力制药集团股份有限公司		
英文名称	Tasly Pharmaceutical Group Co., Ltd.		
曾用名	天士力->G天士力		
A股代码	600535	A股简称	天士力
B股代码	---	B股简称	---
H股代码	---	H股简称	---
证券类别	上交所A股	所属行业	医药行业
总经理	闫凯	法人代表	闫凯
董秘	刘俊峰	董事长	闫希军
证券事务代表	赵颖	独立董事	王爱俭,施光耀,张雁灵
联系电话	022-26736999	电子信箱	stock@tasly.com
传真	022-26736721	公司网址	http://www.tasly.com
办公地址	天津市北辰区普济河东道2号天士力现代中药城	注册地址	天津市北辰区普济河东道2号天士力现代中药城
区域	天津	邮政编码	300410
注册资本(元)	10.3亿	工商登记	120000000001246
雇员人数	6641	管理人员人数	14
律师事务所	---	会计师事务所	天健会计师事务所(特殊普通合伙)
公司简介	天津天士力制药股份有限公司是于2000年4月27日经天津市人民政府（津股批20004号文）批准，由天津天士力制药集团有限公司整体变更而成的股份有限公司。股份成立后，原天津天士力制药集团有限公司股东天津天士力集团有限公司、广州市天河振凯贸易有限公司、天津市天使之物药物研究开发有限公司、天津新技术产业园区永生建筑有限公司、金华市金馨开发区万顺贸易有限公司、浙江尖峰集团股份有限公司及天津市中央药业有限公司为股份公司股东。		
经营范围	软胶囊剂、滴丸剂、颗粒剂、硬胶囊剂、片剂、丸剂的生产；汽车货物运输；货物及技术的进出口业务。(以上经营范围内国家专营专项规定的，按规定办理)公司主营中药材、中成药加工、化学药品原药、化学药品制剂、生物制品、滋补营养保健品制造等，作为中药现代化企业的代表，公司拥有优秀的管理团队、灵活的机制、较强的自主创新能力及完善的现代中药产业平台		

表 6.3.2 股票发行相关信息

▶ 发行相关

成立日期	1998-04-30	上市日期	2002-08-23
发行市盈率(倍)	20	网上发行日期	2002-08-08
发行方式	二级市场配售	每股面值(元)	1.00
发行量(股)	5000万	每股发行价(元)	14.70
发行费用(元)	2374万	发行总市值(元)	7.35亿
募集资金净额(元)	7.11亿	首日开盘价(元)	23.00
首日收盘价(元)	22.57	首日换手率	51.54%
首日最高价(元)	25.00	网下配售中签率	---
定价中签率	0.00%		

2. 重要经营数据

在进行财务分析之前，首先对公司的重要经营数据进行查询，选择左边深度中的财务数据，资讯画面中提供了公司的财务摘要、资产负债表、现金流量表、利润表等重要的经营数据。表 6.3.3 为最近两年天士力的重要财务指标。以净利润为例，天士力从 2011 年底的 6.4 亿元增长到 2012 年底的 7.92 亿元。

表6.3.3　重要财务指标

重要指标							更多>>
指标名称	13-03-31	12-12-31	12-09-30	12-06-30	12-03-31	11-12-31	11-09-30	11-06-30
基本每股收益(元)	0.4270	1.4900	1.2100	0.7800	0.2859	1.1800	1.0100	0.7000
扣非每股收益(元)	0.3732	1.4500	1.1900	0.7700	0.2735	1.0300	0.8600	0.5500
稀释每股收益(元)	0.4270	1.4900	1.2100	0.7800	0.2859	1.1800	1.0100	0.7000
净利润(元)	2.19亿	7.92亿	6.32亿	4.05亿	1.44亿	6.40亿	5.38亿	3.76亿
净利润同比增长(%)	51.75	23.77	17.43	7.70	-9.14	39.30	62.62	87.32
净利润滚动环比增长(%)	9.43	7.95	9.89	6.95	-2.27	-4.01	5.02	15.55
加权净资产收益率(%)	5.35	20.53	16.48	10.61	4.02	17.95	15.26	10.49
摊薄净资产收益率(%)	4.55	18.61	15.91	10.92	3.77	14.71	12.67	8.47
毛利率(%)	29.32	29.97	30.00	30.24	29.53	29.28	29.32	30.24
实际税率(%)	15.66	17.48	15.67	15.22	15.61	18.56	16.31	16.47
预收款/营业收入	0.04	0.01	0.01	0.02	0.05	0.01	0.01	0.01
销售现金流/营业收入	0.86	1.10	0.99	1.07	0.87	1.08	0.94	0.98
总资产周转率(次)	0.35	1.32	0.94	0.63	0.32	1.09	0.85	0.54
资产负债率(%)	44.78	43.81	42.97	42.26	41.18	43.08	37.07	37.32
流动负债/总负债(%)	83.56	82.42	81.62	80.13	95.41	95.81	87.27	87.88

资产负债表、损益表、现金流量表是公司的三大会计报表，三张报表三维立体地展现公司的财务状况，多角度地反映公司的资产质量和经营业绩。资产负债表反映企业报表日财务状况，损益表反映企业会计期间的盈利情况，现金流量表反映企业会计期间的经营、投资、筹资现金流情况。三张报表在编制上相对单独存在，而在财务分析时相互依存、相互影响。从时间属性上看，利润表、现金流量表属于期间报表，反映的是某一段时期内企业的经营业绩，资产负债表是期末报表，反映的是报表制作时企业的资产状况。从相互作用上看损益表、现金流量表改变资产负债表结构，但长期而言，资产质量对企业盈利能力起到决定性作用，这又是资产负债表决定损益表、现金流量表。

表6.3.4、表6.3.5和表6.3.6分别为天士力2005年到2012年的资产负债表、利润表和现金流量表，三张表全方位显示了天士力的财务状况。

表6.3.4　天士力公司资产负债表

按报告期	按年度	按单季度	单季度占全年比(滚动年度)				
资产负债表	12-12-31	11-12-31	10-12-31	09-12-31	08-12-31	07-12-31	06-12-31	05-12-31
资产:货币资金(元)	7.65亿	6.57亿	1.47亿	1.65亿	1.84亿	1.60亿	9837万	1.26亿
应收账款(元)	10.0亿	5.33亿	6956万	6096万	6617万	5612万	5345万	3346万
其他应收款(元)	1.58亿	1.26亿	3431万	1133万	929万	6606万	998万	1212万
存货(元)	5.51亿	4.01亿	1.45亿	1.14亿	1.05亿	9384万	8424万	2006万
流动资产合计(元)	27.4亿	18.7亿	4.28亿	4.16亿	4.15亿	4.80亿	2.59亿	2.07亿
长期股权投资(元)	4.56亿	3.06亿	3.61亿	2.13亿	2.10亿	7506万	1.03亿	7431万
累计折旧(元)	9887万	3744万	3434万	3989万	3570万	2620万	1161万	1045万
固定资产(元)	9.80亿	6.57亿	3.84亿	3.99亿	4.16亿	2.87亿	2.71亿	1.05亿
无形资产(元)	3.95亿	2.33亿	9945万	6226万	6387万	8942万	7744万	5129万
资产总计(元)	59.2亿	41.9亿	13.6亿	11.4亿	11.5亿	10.9亿	7.65亿	4.78亿
负债:应付账款(元)	5.62亿	4.05亿	2568万	4073万	4702万	3394万	2970万	685万
预收账款(元)	4629万	2977万	1131万	777万	882万	333万	759万	268万
存货跌价准备(元)	511万	511万	478万	307万	337万	530万	516万	--
流动负债合计(元)	27.5亿	14.9亿	3.00亿	2.16亿	3.08亿	3.14亿	2.29亿	3214万
长期负债合计(元)	2.19亿	1.16亿	2258万	2943万	1757万	4410万	1294万	503万
负债合计(元)	29.7亿	16.0亿	3.23亿	2.46亿	3.25亿	3.58亿	2.42亿	3717万
权益:实收资本(或股本)(元)	5.02亿	1.67亿	1.32亿	1.32亿	1.32亿	1.32亿	1.32亿	1.32亿
资本公积金(元)	9.20亿	12.1亿	1.37亿	1.32亿	1.39亿	1.44亿	1.44亿	1.43亿
盈余公积金(元)	1.07亿	8861万	7855万	6665万	5604万	4787万	3601万	3005万
股东权益合计(元)	29.6亿	25.9亿	10.4亿	8.97亿	8.22亿	7.31亿	5.23亿	4.41亿
流动比率	1.00	1.26	1.43	1.93	1.35	1.53	1.13	6.43

表6.3.5　天士力公司利润表

利润表	12-12-31	11-12-31	10-12-31	09-12-31	08-12-31	07-12-31	06-12-31	05-12-31
营业收入(元)	38.8亿	6.38亿	5.41亿	5.45亿	5.76亿	4.92亿	2.85亿	2.74亿
营业成本(元)	28.9亿	2.12亿	1.77亿	1.90亿	2.03亿	1.83亿	6366万	6320万
销售费用(元)	2.71亿	2.07亿	1.52亿	1.59亿	1.94亿	1.57亿	1.09亿	9772万
财务费用(元)	8818万	1419万	303万	758万	1537万	1304万	-72.2万	-251万
管理费用(元)	3.01亿	1.04亿	9655万	8533万	8696万	6719万	4599万	4896万
资产减值损失(元)	80.3万	-725万	285万	1073万	576万	-117万	---	---
投资收益(元)	3394万	2.07亿	4746万	5280万	4232万	1.80亿	616万	37.4万
营业利润(元)	4.26亿	3.06亿	1.50亿	1.37亿	1.05亿	2.47亿	7003万	6321万
利润总额(元)	4.46亿	3.26亿	1.52亿	1.47亿	1.08亿	2.46亿	6969万	6282万
所得税(元)	7525万	1741万	1637万	1814万	1272万	2344万	1080万	1092万
归属母公司所有者净利润(元)	3.32亿	3.05亿	1.32亿	1.28亿	9433万	2.06亿	5845万	5250万

表6.3.6　天士力公司现金流量表

现金流量表	12-12-31	11-12-31	10-12-31	09-12-31	08-12-31	07-12-31	06-12-31	05-12-31
经营:销售商品、提供劳务收到的现金(元)	34.2亿	7.05亿	5.97亿	6.03亿	6.21亿	5.22亿	3.16亿	3.08亿
收到的税费返还(元)	1.92亿	773万	618万	146万	37.1万	545万	0	0
收到其他与经营活动有关的现金(元)	4732万	2296万	1605万	1784万	617万	695万	24.1万	102万
经营活动现金流入小计(元)	36.6亿	7.36亿	6.19亿	6.22亿	6.27亿	5.34亿	3.17亿	3.09亿
购买商品、接受劳务支付的现金(元)	26.0亿	1.44亿	1.91亿	1.53亿	1.51亿	1.43亿	4002万	7252万
支付给职工以及为职工支付的现金(元)	2.08亿	8517万	7501万	6632万	7625万	6546万	3157万	2684万
支付的各项税费(元)	1.76亿	1.06亿	8537万	8166万	9061万	6975万	5667万	5665万
支付其他与经营活动有关的现金(元)	4.20亿	2.66亿	1.88亿	1.97亿	2.24亿	1.77亿	1.22亿	1.10亿
经营活动现金流出小计(元)	34.0亿	6.01亿	5.39亿	4.98亿	5.42亿	4.55亿	2.51亿	2.66亿
经营活动产生的现金流量净额(元)	2.58亿	1.35亿	7984万	1.24亿	8516万	7921万	6610万	4369万
投资:取得投资收益所收到的现金(元)	1321万	1496万	1612万	2124万	1789万	726万	840万	5.51万
处置固定资产、无形资产和其他长期...	1149万	2449万	13.5万	644万	35.6万	68.7万	82.3万	12.6万
投资活动现金流入小计(元)	1.06亿	7024万	4854万	8943万	1.28亿	4.33亿	6896万	996万
购建固定资产、无形资产和其他长期...	3.15亿	9577万	5687万	7346万	9249万	1.24亿	4776万	4442万
处置固定资产、无形资产和其他长期...	-584万	29.4万	716万	439万	6.84万	15.7万	30.6万	63.1万
投资支付的现金(元)	1.44亿	1.07亿	1.38亿	3900万	7197万	4.11亿	1.23亿	9008万
投资活动现金流出小计(元)	6.92亿	-843万	2.36亿	1.13亿	1.87亿	5.35亿	1.71亿	1.38亿
投资活动产生的现金流量净额(元)	-5.86亿	7867万	-1.87亿	-2357万	-5960万	-1.03亿	-1.02亿	-1.28亿
筹资:吸收投资收到的现金(元)	-567万	200万	0	---	800万	1200万	0	5.00万
取得借款收到的现金(元)	14.2亿	4.15亿	1.50亿	1.30亿	2.91亿	2.33亿	4500万	130万
筹资活动现金流入小计(元)	14.5亿	4.35亿	2.83亿	1.99亿	3.37亿	2.51亿	4881万	706万
偿还债务支付的现金(元)	9.36亿	1.75亿	1.23亿	1.88亿	3.23亿	1.34亿	0	2600万
分配股利、利润或偿付利息支付的现...	1.85亿	1411万	1030万	5241万	1897万	1437万	4038万	41.2万
筹资活动现金流出小计(元)	12.1亿	2.69亿	2.11亿	3.09亿	3.52亿	1.67亿	4047万	3347万
筹资活动产生的现金流量净额(元)	2.43亿	1.66亿	7205万	-1.10亿	-1548万	8428万	834万	-2641万

3．公司最新动态查询

进入东方财富网个股股吧（http://guba.eastmoney.com/），可查询公司最新动态，以及投资者对个股的评论，如图6.3.1所示。另外，在图6.3.1的左侧可查询公司特色数据，如图6.3.2所示。

图6.3.1　公司最新动态查询

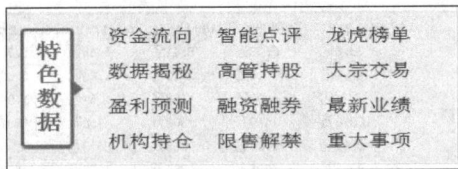

图 6.3.2 公司特色数据

4．公司研究报告查询

相关公司研究报告可在东方财富网查询，http://data.eastmoney.com/report/#JmR0PW02，如图 6.3.3 所示。

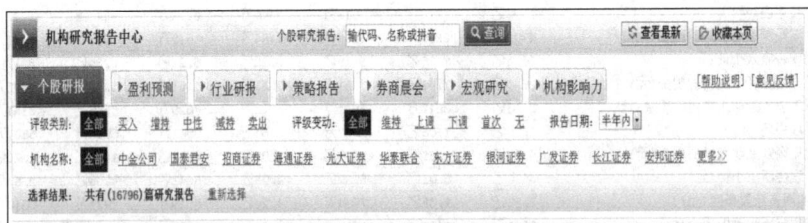

图 6.3.3 公司研究报告查询

6.3.2 公司财务分析

1．成长能力分析

企业成长能力分析是对企业扩展经营能力的分析。用于考察企业通过逐年收益增加或通过其他融资方式获取资金扩大经营的能力。营业收入和毛利润是企业扩展经营的基础，下面以营业收入、毛利润和扣非净利润为例对天士力的成长能力进行分析。

营业收入是企业在生产经营活动中，因销售产品或提供劳务而取得的各项收入，是企业的主要经营成果，是企业取得利润的重要保障，是企业现金流入量的重要组成部分。营业收入管理是企业财务管理的一个重要方面，它关系到企业的生存和发展，是企业补偿生产经营耗费的资金来源。

毛利润是指销售收入扣除主营业务的直接成本后的利润部分。其中的直接成本不包括企业的管理费用、财务费用、销售费用、税收等。

扣非净利润是扣除非经常损益后的净利润，这个数据指标能够更加准确地反映公司的经营现状。

图 6.3.4 为天士力近年来的营业收入走势图。图 6.3.5 为公司营业收入同比增长走势图。从图中可以看出除 2006 年营业收入有超过 60%的增长速度外，其他大部分年份营业收入均增长稳定，其中 2011 和 2012 年营业收入增长速度加快。图 6.3.6 为公司毛利润的走势图。从图中可以看出公司毛利润近年来稳定增长，发展趋势良好。

图 6.3.7 和图 6.3.8 是公司扣非净利润及其同比增长趋势图。从图中可以看出，近年来公司扣非净利润持续增长，2012 年同比增长达到 40%，成长势头强劲。

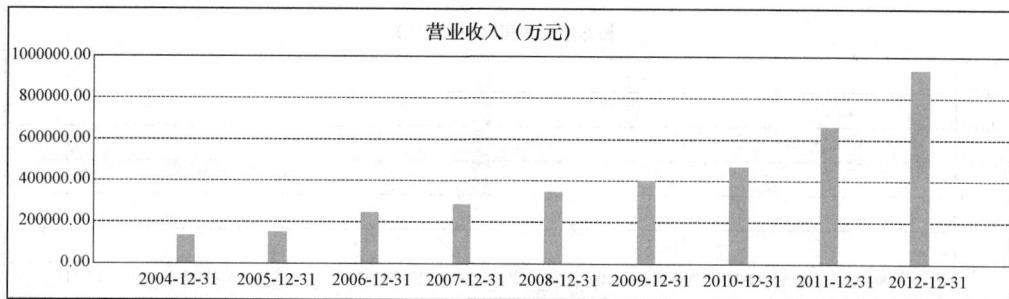

图 6.3.4　营业收入

图 6.3.5　营业收入同比增长率

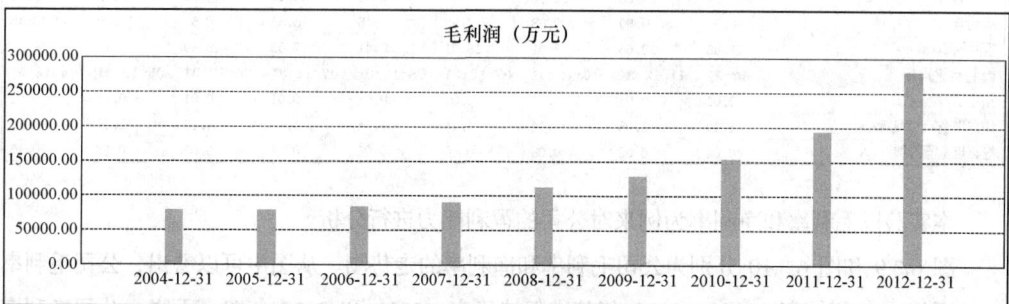

图 6.3.6　毛利润

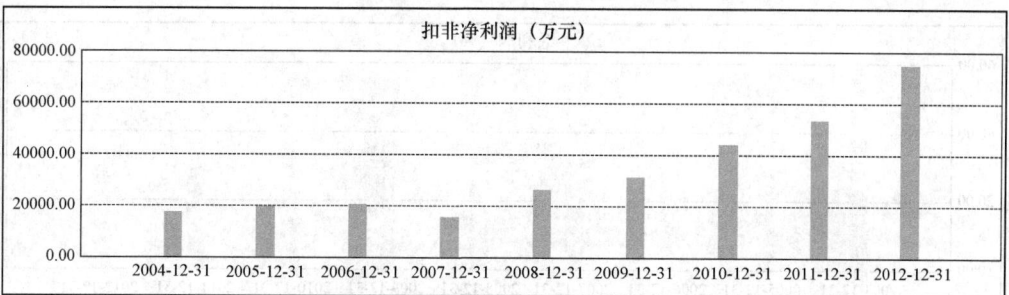

图 6.3.7　扣非净利润

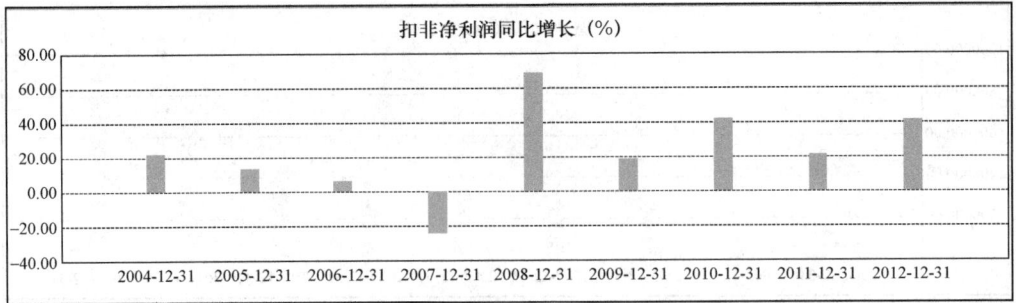

图 6.3.8　扣非净利润同比增长率

2. 盈利能力分析

股东收益最大化是企业经营者的目标，而且只有盈利企业才能更好地生存和发展。盈利能力是指企业获取利润的能力，利润是投资者从公司获取投资收益的重要来源，也是企业经营与管理效益的集中体现。反映企业盈利能力的指标主要有加权净资产收益率、摊薄净资产收益率、毛利率、净利润率等，如表 6.3.7 所示。

表 6.3.7　盈利能力和盈利质量指标

盈利能力指标	12-12-31	11-12-31	10-12-31	09-12-31	08-12-31	07-12-31	06-12-31	05-12-31	04-12-31
加权净资产收益率(%)	20.53	17.95	21.06	16.46	13.58	--	--	--	14.80
摊薄净资产收益率(%)	18.61	14.71	13.24	15.16	13.59	8.48	--	--	--
摊薄总资产收益率(%)	10.58	9.65	8.43	8.04	7.26	5.27	6.56	7.07	7.93
毛利率(%)	29.97	29.28	33.02	32.05	32.48	32.16	34.31	52.69	59.58
净利率(%)	8.27	9.30	9.68	7.93	7.45	6.36	8.51	13.20	13.16
实际税率(%)	17.48	18.56	17.31	18.91	20.41	27.63	18.49	16.11	18.91
盈利质量指标	12-12-31	11-12-31	10-12-31	09-12-31	08-12-31	07-12-31	06-12-31	05-12-31	04-12-31
预收款/营业收入	0.01	0.01	0.01	0.00	0.01	0.01	0.01	0.01	0.01
销售现金流/营业收入	1.10	1.08	1.14	1.14	1.14	1.14	1.10	1.14	1.11
经营现金流/营业收入	0.04	0.02	0.08	0.10	0.08	0.08	0.06	0.15	0.16

本实验以毛利率和净利率为例来对公司的盈利能力进行分析。

图 6.3.9 和图 6.3.10 分别为公司毛利率和净利率的走势图。从图中可以看出，公司毛利率 2004 和 2005 年较高，2007～2010 年基本保持稳定，2011 和 2012 年略有下降。公司净利率 2004 和 2005 年较高，2007～2010 年稳定增长，2011 和 2012 年虽然略有下降，但基本保持稳定，说明公司有能力保持稳定的盈利。

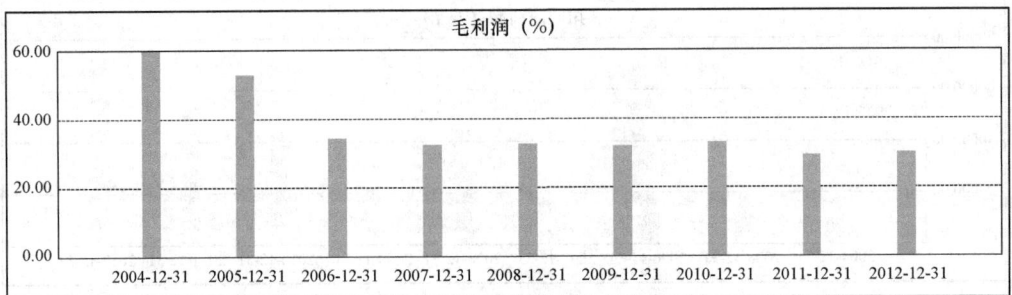

图 6.3.9　毛利率走势图

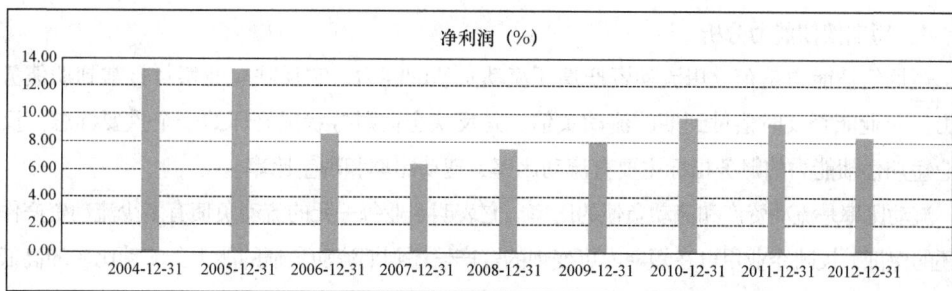

图 6.3.10　净利率走势图

3．营运能力分析

营运能力反映了企业管理者生产经营者生产经营、资金管理的能力。一般来说，企业生产经营周转速度越快，表明企业资产利用的效果越好，企业管理人员经营能力越强。营运能力包括应收账款周转天数、存货周转天数和总资产周转率等，如表 6.3.8 所示。下面重点分析应收账款周转情况和存货周转情况。

表 6.3.8　运营能力指标

运营能力指标	12-12-31	11-12-31	10-12-31	09-12-31	08-12-31	07-12-31	06-12-31	05-12-31	04-12-31
总资产周转率(次)	1.32	1.09	0.98	1.07	1.03	0.88	0.80	0.59	0.65
应收账款周转天数(天)	40.89	37.59	42.58	47.56	47.77	43.39	41.77	60.19	62.89
存货周转天数(天)	49.01	51.09	55.38	46.96	43.73	--	33.64	47.07	57.17

应收账款周转天数表示在一个会计年度内，应收账款从发生到收回周转一次的平均天数（平均收款期），应收账款周转天数越短越好。应收账款的周转次数越多，则周转天数越短；周转次数越少，则周转天数越长。周转天数越少，说明应收账款变现的速度越快，资金被外单位占用的时间越短，管理工作的效率越高。

图 6.3.11 和图 6.3.12 显示了天士力的存货周转天数和应收账款周转天数变化。从图中可以看出公司的存货周转天数 2004 年较高，2006 年较低，其他年份都在 50 天左右。应收账款周转天数 2004 年和 2005 年较高，2011 年和 2012 年较低。

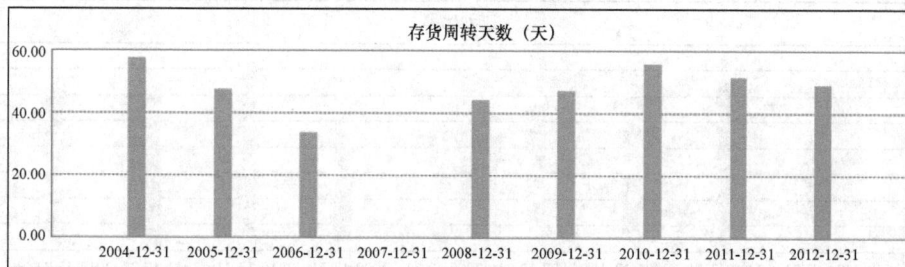

图 6.3.11　存货周转天数走势图

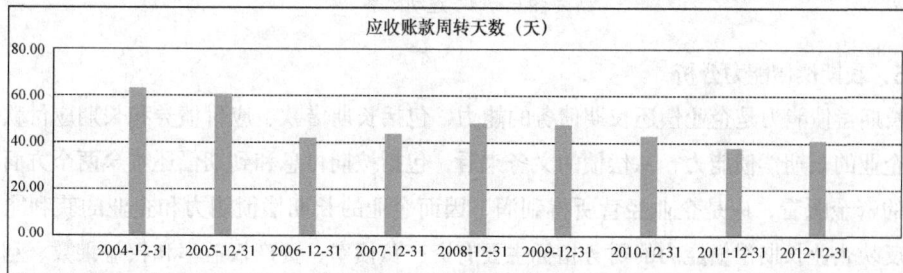

图 6.3.12　应收账款周转天数走势图

4．短期偿债能力分析

短期偿债能力是企业用流动资产偿还流动负债的能力，它反映企业偿付日常到期债务的实力。企业能否及时偿付到期的流动负债，是反映企业财务状况好坏的一个重要标志。反映企业短期偿债能力的财务指标主要有流动比率、速动比率和现金比率。

流动比率是流动资产和流动负债的比率。它表明企业每一元的流动负债有多少流动资产作为偿还的保证，反映企业用可在短期内可变现的资产偿还到期流动负债的能力。流动比率的高低，表明企业偿还短期负债能力的强弱。速动比率代表企业以速动资产偿还流动负债的综合能力。速动比率通常以（流动资产−存货）÷流动负债表示，速动资产是指从流动资产中扣除变现速度最慢的存货等资产后，可以直接用于偿还流动负债的那部分流动资产，速动比率比流动比率更能表现一个企业的短期偿债能力。一般经验认为适当的流动比率为2∶1，速动比率为1∶1。

图6.3.13和图6.3.14反映了天士力从2004年底到2012年底的流动比率和速动比率。从图中可以看出，天士力的流动比率保持在1.5左右，2010到2012年流动比率上升，短期偿债能力上升。速动比率除2008年和2009年小于1以外，其余年份均大于1，说明公司财务状况良好，有充足的短期偿债能力。

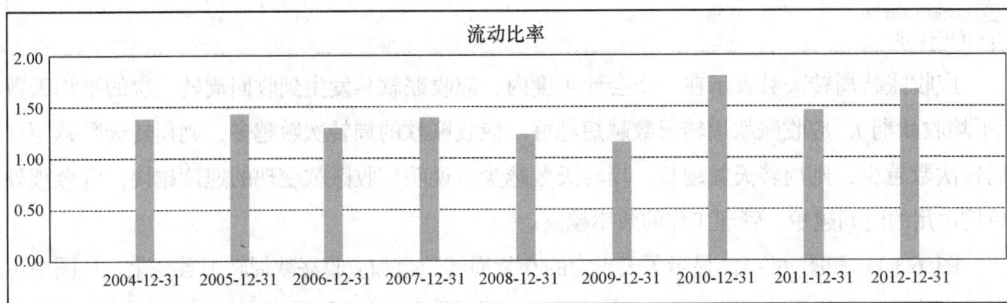

图6.3.13　流动比率

图6.3.14　速动比率

5．长期偿债能力分析

长期偿债能力是企业偿还长期债务的能力，包括长期借款、应付债券和长期应付款等。评价企业的长期偿债能力，从偿债的义务来看，包括按期付息和到期偿还本金两个方面。从偿债的资金源看，应是企业经营所得利润，因而企业的长期偿债能力和企业的获利能力相关。反映企业长期偿债能力的财务指标主要有资产负债率、资产权益率和权益乘数、利息保障倍数等。

　　资产负债率又称负债比率，是企业负债总额对资产总额的比率，反映了企业资产总额中，债权人资金所占的比重，以及企业资产对债权人权益的保障程度。该比率越小，则说明企业的长期偿债能力越强。该指标是国际公认的衡量企业债务偿还能力和财务风险的重要指标，比较保守的经验判断一般为不高于 50%，国际上通常认为 60%比较好。图 6.3.12 反映了公司近年来的资产负债率情况。

　　从图 6.3.15 可以看出，公司的资产负债率基本保持 40%左右，低于 50%，资产负债率相对较低，说明公司的财务风险较小，有充足的长期偿债能力保证。

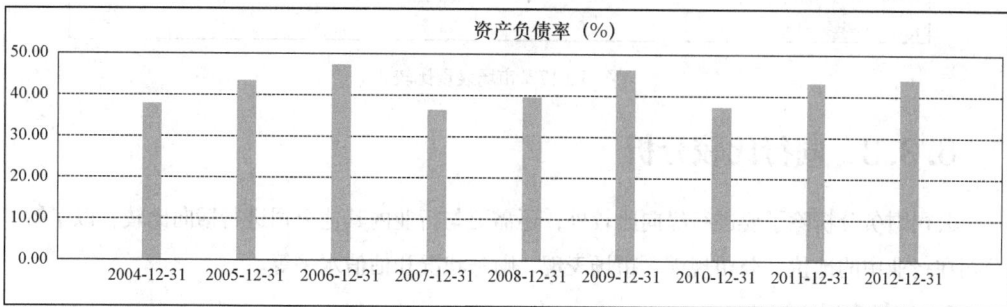

图 6.3.15　资产负债率年度走势表

6．杜邦分析

　　杜邦分析就是利用几种主要的财务比率之间的关系来综合地分析企业的财务状况，这种分析方法最早由美国杜邦公司使用，故名杜邦分析法。杜邦分析法是一种用来评价公司赢利能力和股东权益回报水平，从财务角度评价企业绩效的一种经典方法。其基本思想是将企业净资产收益率逐级分解为多项财务比率乘积，这样有助于深入分析比较企业经营业绩。杜邦分析以净资产收益率为核心的财务指标，通过财务指标的内在联系，系统、综合地分析企业的盈利水平，层次结构具体鲜明，是典型的利用财务指标之间的关系对企业财务进行综合分析的方法。图 6.3.16 为天土力 2012 年年底的杜邦分析表，图中清晰地显示了公司重要财务比率及各个财务比率之间的相互关系。

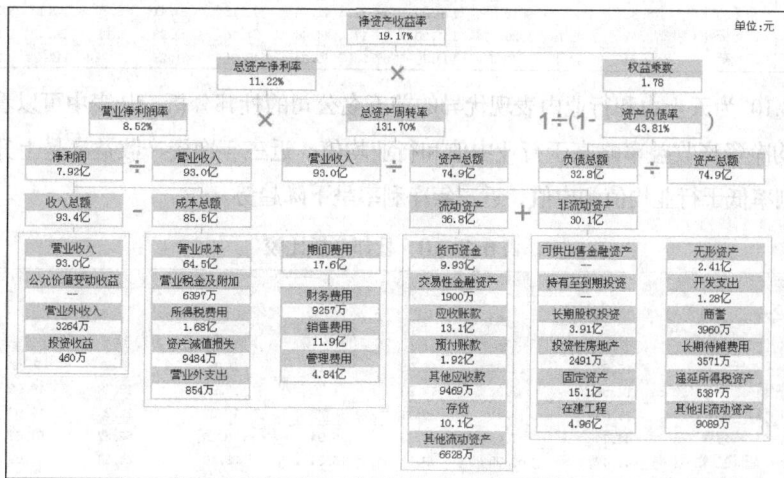

图 6.3.16　杜邦分析表

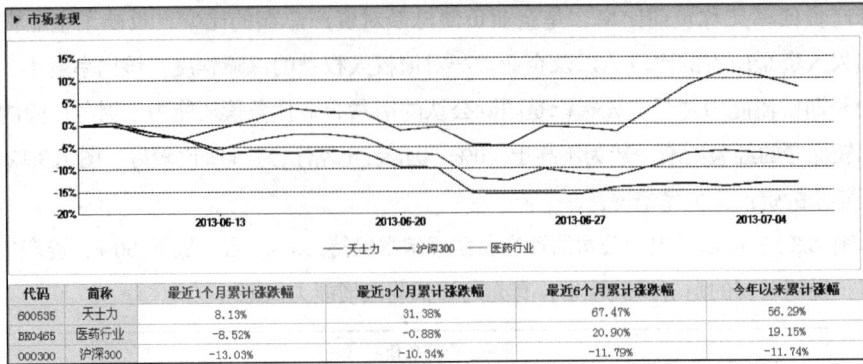

图 6.3.17　市场表现比较

6.3.3　同行比较分析

公司财务分析除了要进行纵向比较外，还需要与行业内其他公司进行横向比较，以了解公司在行业中的地位、公司规模、市场表现、财务状况和估值水平等。

1. 市场表现比较

从图 6.3.17 可以看出，2013 年在沪深 300 指数下跌的背景下，医药行业累计涨幅高于沪深 300 指数，而天士力累计涨幅又远高于医药行业，市场表现良好。

2. 财务状况比较

从表 6.3.9 中可以看出，天士力三年复合基本每股收益增长率和营业收入增长率均高于行业平均值和行业中值，但与行业中前五名的公司还有一定差距。

表 6.3.9　成长性比较

排名	代码	简称	基本每股收益增长率(%)						营业收入增长率(%)					
			3年复合	12A	TTM	13E	14E	15E	3年复合	12A	TTM	13E	14E	15E
39	600535	天士力	31.48	25.93	9.47	38.28	27.68	28.76	25.21	41.56	6.36	26.73	23.47	25.46
		行业平均	23.37	3.68	4.32	19.24	27.05	24.91	22.28	19.22	3.72	24.62	21.59	20.42
		行业中值	28.60	10.31	4.27	31.45	28.57	26.60	25.46	18.23	4.01	25.33	23.69	23.10
1	002219	独一味	84.81	3.26	44.27	123.54	90.29	48.39	58.37	9.67	27.40	76.18	65.08	36.56
2	002551	尚荣医疗	84.09	32.10	8.76	108.76	81.82	64.38	76.64	20.92	7.72	84.01	79.20	67.14
3	300086	康芝药业	76.81	728.73	13.65	179.99	39.27	41.76	40.16	19.41	-8.84	50.16	27.45	43.87
4	002020	京新药业	73.07	8.79	20.51	131.30	55.17	44.44	21.10	20.83	3.12	20.40	21.59	21.84
5	600332	广州药业	57.74	37.47	7.85	103.79	37.34	40.24	46.05	51.28	13.92	112.22	21.59	20.74

表 6.3.10 为天士力和行业内表现优异的前五名公司的杜邦分析。从表中可以看出天士力的三年平均净资产收益率略高于行业中值和行业均值，近三年净资产收益率呈上升趋势。三年平均净利率低于行业均值和中值，近三年净利率呈下降趋势。

表 6.3.10　杜邦分析比较

排名	代码	简称	ROE(%)				净利率(%)			
			3年平均	10A	11A	12A	3年平均	10A	11A	12A
47	600535	天士力	16.58	13.62	16.95	19.17	9.08	9.68	9.30	8.27
		行业平均	14.35	17.22	13.99	11.86	17.92	18.48	18.92	16.36
		行业中值	11.69	13.41	10.31	9.05	12.32	12.90	12.67	10.09
1	002653	海思科	44.70	67.48	40.68	25.94	53.16	52.57	51.67	55.24
2	300298	三诺生物	41.47	60.05	49.11	15.24	38.10	34.24	42.09	37.99
3	300326	凯利泰	32.79	46.36	39.53	12.48	53.76	60.66	46.01	54.60
4	300314	戴维医疗	26.78	35.00	32.86	12.48	25.57	21.72	26.10	28.88
5	000411	英特集团	26.69	19.27	46.35	14.46	1.16	0.64	2.20	0.64

3．估值水平比较

PEG 指标（市盈率相对盈利增长比率）。这个指标是用公司的市盈率除以公司的盈利增长速度。市盈率较低，同时增长速度又是比较高的公司，有一个典型特点就是 PEG 非常低。

市盈率指在一个考察期内，股票的价格和每股收益的比率。投资者通常利用该比例值估量某股票的投资价值，或者用该指标在不同公司的股票之间进行比较。

市销率（Price-to-sales）是证券市场中出现的一个新概念，又称为收入乘数，是指普通股每股市价与每股销售收入的比率。PS ＝ 总市值÷主营业务收入或者 PS=股价÷每股销售额。市销率越低，说明该公司股票目前的投资价值越大。

表 6.3.11 为行业估值水平比较表。从表中可以看出天士力市盈率高于行业均值和中值，估值较高。PEG 低于行业均值高于行业中值，市销率高于行业均值低于行业中值。

表 6.3.11　估值水平比较

估值比较

排名	代码	简称	PEG	市盈率					市销率				
				12A	TTM	13E	14E	15E	12A	TTM	13E	14E	15E
85	600535	天士力	1.68	57.85	52.84	41.83	32.77	25.45	3.07	4.50	3.78	3.06	2.44
		行业平均	2.37	29.66	35.55	30.81	24.25	24.25	2.16	2.59	2.50	2.05	2.06
		行业中值	1.29	42.05	38.93	29.09	22.22	18.17	4.43	5.04	4.33	3.44	2.84
1	000739	普洛药业	0.57	33.72	29.28	19.89	13.19	9.78	0.64	1.19	1.16	1.05	0.95
2	600201	金宇集团	0.62	45.08	30.98	23.37	18.64	13.37	7.20	10.73	8.83	5.91	4.56
3	600285	羚锐制药	0.63	72.19	31.53	25.49	30.76	21.41	3.85	5.11	4.22	3.24	2.60
4	300186	大华农	0.71	20.87	19.95	15.95	12.70	9.89	4.35	4.20	3.39	2.70	2.15
5	300233	金城医药	0.78	50.54	38.53	28.97	22.43	15.11	2.07	2.44	2.28	2.04	1.63

4．公司规模比较

图 6.3.18 为行业公司规模比较。从表中可以看出天士力公司规模较大，远高于行业中值和行业均值。营业收入和净利润高于行业均值，但与行业前几名公司仍有较大的差距。

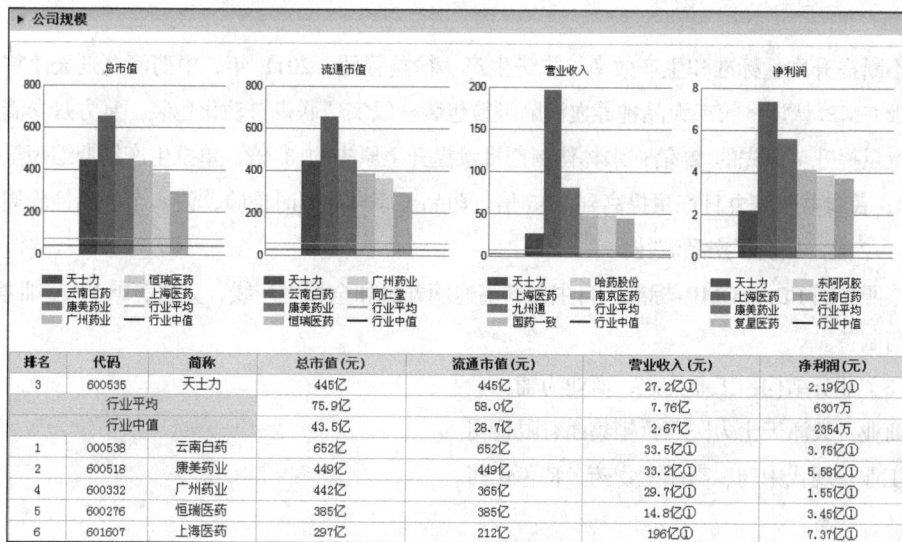

公司规模

排名	代码	简称	总市值(元)	流通市值(元)	营业收入(元)	净利润(元)
3	600535	天士力	445亿	445亿	27.2亿①	2.19亿①
		行业平均	75.9亿	58.0亿	7.76亿	6307万
		行业中值	43.5亿	28.7亿	2.67亿	2354万
1	000538	云南白药	652亿	652亿	33.5亿①	3.75亿①
2	600518	康美药业	449亿	449亿	33.2亿①	5.58亿①
4	600332	广州药业	442亿	365亿	29.7亿①	1.55亿①
5	600276	恒瑞医药	385亿	385亿	14.8亿①	3.45亿①
6	601607	上海医药	297亿	212亿	196亿①	7.37亿①

图 6.3.18　公司规模比较

6.3.4　公司综合分析

以天士力（600535）为例。[⑤]

1. 基本情况：现代中药产业链优势

（1）民营控股的创新型现代中药企业——职业经理团队&激励机制。

天士力（600535）：1994 年创立，2002 年上市，2012 年更名——2012 年 5 月中文名称由"天津天士力制药股份有限公司"变更为"天士力制药集团股份有限公司"，显示将是未来制药业务发展的唯一平台，集团制药资产有望注入。

激励机制和约束机制。①早期创业团队的激励和回报：参与早期创业者在集团层面持股。②高管职业风险津贴及风险准备金制度：根据上年净利润的 2.6%提取。待任期结束或离任评估完成后一次性核发 50%，剩余 50%用于高管风险准备金和每年代扣代缴个人所得税。③管理层激励：2009 年推出高管中长期激励基金计划：根据上年度经营业绩和股价表现提取激励基金，激励对象每年末可现金兑现当年其个人激励基金账户余额的 20%。

（2）产业链：探索标准化现代中药先进制造技术——为什么强调产业链创新？从量变到质变，提升标准抢占制高点。

产业链的全面标准创新与技术提升，拥有国内最完整、符合现代制药工业要求的现代中药产业链。主要的中药材原材料质量可控、稳定供应，可溯源性；完成了复方丹参滴丸指纹图谱研究，建立数字化提取平台（GEP）、创新可在线检测的生产平台（cGMP），保障了从原料到成品药生产制造过程的稳定可控（全自动、数字化管理）。

实施药材资源战略，重视产业链源头建设。已建成跨 6 个省的上万亩中药材种植基地（GAP），其中丹参基地通过欧盟有机认证，形成新的技术保护壁垒。培育丹参药材新品种，"天丹一号"通过省级中药材新品种鉴定；"神七太空丹参"培养初步成功，二代有单株的重量达到 1000g 以上，为普通丹参的 3 倍，天士力丹参正式成为一个全新的品系。

不断提升质量标准和生产效率，先进生产、精益管理：2011 年，中药滴丸剂天津首家通过新版 GMP 认证，第二大品种养血清脑颗粒包装全线实现联机自动化包装，复方丹参滴丸的制剂批量提升至原先的 2 倍；水林佳制剂批量提升至原先的 3 倍，单批生产周期缩短至原先的 1/3；芪参益气滴丸日产量提高到 1.45 倍。药品工序样品即时检验，使 6 个产品检验周期缩短 0.5～2 天，加快了产品流转。

按照美国 FDA cGMP 标准，自主创新高速滴丸机和全程生产线，完成美国 FDA Ⅲ期临床用药制备。

（3）业务结构：工业为主，商业为辅。

商业：天津天士力医药营销集团有限公司。

工业：现代中药、高端生物药、特色化药

---

⑤ 本案例来自"传承创新，追逐梦想——天士力（600535）深度报告"，作者：贺平鸽、杜佐远，国信证券经济研究所，2012 年 8 月 9 日。下载自"同花顺 iFinD"。本教材有删节。特致谢意！

（4）业务结构趋势：工业专精尖、商业强网络 —— 自有商业终端网络的隐性价值逐渐彰显。

（5）产品结构：定位大病种领域，发挥中药比较优势 —— "大品牌、大产品、大终端、全覆盖、大市场"战略定位。

心血管药物：复方丹参滴丸、芪参益气滴丸、益气复脉粉针（冻干）、重组人尿激酶原、益心复脉颗粒/片；

脑血管药物：养血清脑颗粒/丸、丹参多酚酸（冻干）、脑血康；

糖尿病：消渴清颗粒；

胃/肝病：水林佳（水飞蓟宾胶囊）、荆花胃康胶丸、青木颗粒；

妇科：坤灵丸（11 年收购辽宁仙鹤公司）；

抗病毒/感冒：藿香正气滴丸、柴胡滴丸、痰咳净滴丸、穿心莲内酯滴丸、板蓝根冲剂。

（6）产业平台：次第进入收获期。

2012 年着力扩大现有产能，满足市场旺盛需求。重点解决养血清脑颗粒、注射用益气复脉、注射用丹参总酚酸等产品的市场需求和产能矛盾；扩大重组人尿激酶原（普佑克）的生产能力。2012 年 12 月前有望完成中药注射剂提取车间建设及调试工作，2013 年 6 月投入使用，届时注射剂提取物生产能力将从当前年产 750 万支提高到年产 3000 万支以上，未来扩大至 6000 万支。新的粉针制剂生产线按欧盟及美国 FDA 标准设计建设，综合产能将提高3～8 倍。现代中药固体制剂车间开工建设，预计 2013 年底投入使用并通过新版 GMP 认证，届时养血清脑、水林佳的产能大幅提高。

（7）研发：探索组分中药、反向研发新模式。

与国内外研究机构、高等院校开展联合研究或项目合作。

组分中药——中药创新的一种模式。组分中药的特点与优势是：以临床应用安全有效的传统中药为基础进行反向研发；适应现代制造业的工艺技术和质量标准；适用以专利为主的知识产权保护；有望以药品身份进入国际主流医药市场。

2008 年，天士力与天津中医药大学、浙江大学合作，成立了天津市组分中药技术工程中心，该中心已从 282 种药材及 18 个中成药制剂中制备出 10661 个组分、235 个化合物。有望以组分中药为突破口探索出一种中药新药开发的新模式。

复方丹参滴丸在药理学、毒理学、药学和临床研究等各方面均完成了大量的科研工作，各类研究论文超过 1000 篇，并出版了集全球百名专家研究之大成的《丹参大全》丛书。

中药反向研发——以临床经验为基础、未来有"钱"途。化学药和生物药新药的开发，是对未知化合物的一种全新的认知过程和验证过程。必须从一个全新的物质发现开始，经临床前动物研究，再通过人体一期临床、二期临床和三期临床，最后经药政部门批准上市。这个过程一般需要 12 年的时间和数十亿美金的花费。是一个"高风险、高投资、长周期、高回报"的过程。也有数据表明，90%的新药开发上市以后并无"高回报"甚至是亏损的。但中药研发并不需要走同样的过程。中药经过大量临床应用，已取得相当临床经验和数据，相当于已经进入了四期临床，然后再回头来研究和开发其主要组分、作用机制，最佳使用方案、最佳制造工艺、最优质量标准等，以期达到最好临床效果。现代组分中药的反向开发，为迅速抢占国际生物医药的制高点和市场提供了一个全新的研发思路，也直接淋漓尽致地发挥了中医药的研发优势。为今后中医药以药品身份进入国际市场而进行的研发提供了一个良好的机会。医药产品只能是"高精尖"的产品，传统中药的现代化研究要有新时代精神、新视角、新理念。

（8）核心产品拥有全面的知识产权保护——重磅产品 + 专利 = 超额利润。

推动跨国药企成长壮大的核心本质为：重磅产品+专利=超额利润！看好天士力的其中一个原因，即在于公司对知识产权的重视。相比化学药的同质化，公司现有产品均为独家品种、拥有专利。假以时日，将能够充分分享中国医药市场的巨大消费需求和增长潜力。

天士力建立了以"核心专利、外围专利、防御专利、竞争专利"构成的复合型、网状专利保护体系。核心产品复方丹参滴丸，共取得了 49 项专利保护，最长专利保护期达到 2030 年！其中 5 项核心专利，主要涉及复方丹参滴丸的核心组方、制备工艺以及用途；取得 44 项外围专利，通过外围专利的保护，从质量标准、临床适应症、不同的制备方法以及新的基质辅料等方面，对复方丹参滴丸进行了全立体方位的保护，不给仿制者留有可乘之机。

（9）营销体系：商业网络+营销队伍。

医院渠道：营销集团下设湖南、陕西、广东、北京、山东、辽宁 6 家销售分公司；并设 28 个销售主要以省为单位的销售大区；大区下设 300 个办事处；办事处通过与当地的医药商业合作进行配送。

OTC 渠道：营销集团与一级经销商和二级经销商合作，覆盖全国的零售药店。

零售药店：公司在东北三省和天津现有 300 多家自营药店，未来计划扩张至 3000 家。

营销人员：3000 人，天士力 1900 人+营销公司 1100 人。

医院营销模式："专家定位+学术推广"，逐步减少医生"处方费"，转而邀请全国三甲医院医生来联合进行公司产品的后续研究（例如举办"全国复方丹参滴丸学术研究讨会"等），以质量、品牌、疗效等真实力赢得市场，在政府打击医药商业贿赂的今天，优势凸显，在财务上表现为公司工业销售费用率仅 30%，且逐年下降。

OTC 营销模式：通过医院市场带动零售市场的销售；目前除丹参滴丸外，其他产品的药店铺货率还很低。

2．心脑血管市场：重磅产品和长期机会的摇篮

（1）大病种创造大市场、大市场催生重磅品种和重量级企业。

心脑血管疾病合计已是导致全球 20%、我国 40%以上死亡率的第一大类疾病，因多为慢性病需长期治疗，所以产生了总规模巨大的医药市场：全球逾 1000 亿美元，年复合增速 5%；中国逾 1000 亿元，年增速超 20%。该领域催生了 2 个全球销售额逾 100 亿美元的超级单品和一批大规模企业。

（2）中药在心脑血管治疗领域优势尽显，是诞生国产重磅炸弹的摇篮。

由于长期的用药习惯，以及中药对心脑血管慢性病、多靶点的治疗特色，心脑血管中成药增速明显高于化学药，产生了像复方丹参滴丸、通心络、脑心通、参松养心等一批销售额 5 亿～20 亿元的口服药；中药注射剂则因为起效快而备受临床青睐，产生了血栓通、丹红等销售额逾 20 亿元的重磅品种。

（3）主要产品均为独家且基本进入医保目录，见表 6.3.12。

表 6.3.12　天士力主要产品

名称	适用症状	是否独家	是否进入基药/医保
复方丹参滴丸	冠心病、心绞痛的预防、治疗、急救	独家	基药
养血清脑颗粒/丸	治疗慢性脑供血不足引起的头晕、头痛、失眠等	独家	颗粒剂 04/09 乙类医保、丸剂新进 09 国家乙类医保
水林佳	用于急、慢性肝炎，脂肪肝的肝功能异常的恢复	独家	04/09 版国家乙类医保
芪参益气滴丸	慢性心功能不全、心肌梗塞二级预防、心肌炎及其后遗症等	独家	新进 09 年进国家乙类医保
注射用益气复脉粉针	冠心病及心绞痛等引起的心衰及心肺功能不全等	独家	全国 20 省医保
注射用丹酚多酚酸粉针	中风病中经络（轻中度脑梗死）恢复期淤血阻络证，症见半身不遂，口舌歪斜，舌强言謇，偏身麻木等	独家	有望进入国家医保，目前正在进各地医保
重组人尿激酶原	急性 ST 段抬高性心肌梗死的溶栓治疗等（属于发生脑血栓病人的"救命"药物）	独家	目前正在进各地医保

（4）产品线：从"一枝独秀"到"一树繁花"。

◆　复方丹参滴丸树起行业发展的里程碑

十年磨一剑——完善产业链的基础准备；

掌握游戏规则——聘请拥有 FDA 工作经验的孙鹤博士主持；

扬长避短——与 FDA 反复沟通制定最佳临床方案：选定"用于稳定性心绞痛二级发生的预防和治疗"适应症（该细分治疗领域已有 20 年无新药诞生），并采用具一定风险的、国内目前尚不敢于开展的试验方式（跑平板运动），因此具有相当挑战性。

充分准备与实践的结果——Ⅱ期临床超预期！09 年底历时 18 个月，在美国 15 个临床试验中心完成 150 例病人试验（其中 71%白种人），病人平均年龄 61 岁，统计学结果显示：量效关系好，具临床和统计学显著意义，可降低心绞痛发作频率，减少硝酸甘油的联合使用量；长期使用无耐药性等。平均每位病例的临床试验成本为 1.5 万～2 万美元，整个Ⅱ期临床的花费低于 2002 年公司 IPO 上市时的募集资金预计投入——3200 万元。

Ⅲ期临床计划在全球多中心同时进行，最快 2013 年底有望完成，2014～2015 年有望上市。Ⅲ期临床的时间长短主要取决于临床病例的多寡。计划在全球 70～100 个临床中心，选择 1000～1500 个病人（约 60%在美国，其他在欧洲、加拿大、澳大利亚、日本、韩国、中国等）同时进行。2012 年下半年开始，耗时约 2 年。若顺利，最早 2014 年完成试验，2014～2015 年有望上市。Ⅲ期临床的资金总额预计 3 亿元左右，公司根据临床进度将费用资本化。Ⅱ期临床平均每位病例的临床试验成本为 1.5 万～2 万美元，全球开展可降低成本至平均 1.2 万美元～1.5 万美元/人。即，完成美国临床全部试验花费不到 3 亿元，远没有想象中的成本高昂，也似乎比任何一个化合物新药的面世更经济实惠：一般情况下，筛选出一个新化合物并成功上市的概率只有十万分之一，上市后能获利的只有 30%，一个化学新药从研制到上市平均耗时达 10～15 年、耗资达 10 亿美元。这充分显示了优秀中药国际化的魅力。

短期看，丹滴的临床进展将对国内复方丹参滴丸的营销持续产生明显的促进作用。目前中国版的《慢性稳定型心绞痛诊断与治疗指南》中没有一个中药品种，与欧、美相关指南基本相同，因此中国大医院主流西医在稳定型心绞痛治疗方面，普遍存在排斥中药的情况。2010 年复方丹参滴丸通过美国 II 期临床的结果无疑具有全球公信力，因此公司适时展开针对全国主流医生的营教工作，2011 年丹滴加速增长，2012 年有望继续体现；同时该事件也得到政府各界及媒体的大力宣传，提升公司形象，促进公司其他产品的知名度和医患认可度。

中长期看，复方丹参滴丸拥有广阔的国内、国际市场空间。据统计目前国内约有 1000 万名心绞痛患者，发病率居首的北京 2003 年心绞痛合并有并发症的病死率占人口死亡总数的13%，且呈上升趋势；美国至少有 720 万名心绞痛患者，且每年递增 35 万人，因为此病每年死亡 50 余万人，占人口死亡总数的 1/3～1/2，占心脏病死亡总数的 50%～75%。2009 年全球抗心绞痛药市场规模约 107 亿美元（处方药，终端价格计算）。

从产品的竞争程度看，全球抗心绞痛药物市场竞争并不是很激烈，主要有三大类：硝酸酯及亚硝酸酯类（19 世纪 50 年代上市）、β-受体阻滞剂类（19 世纪 80 年代上市），钙通道阻滞剂类（19 世纪 80 年代上市），几种有限的药品只能满足基本需求，且都有副作用方面的局限性，而美国 FDA 在过去 20 年来都未有批准重要的新的该类治疗药物上市，因此留下了巨大的拓展空间。

复方丹参滴丸的临床结果显示：无任何一类上述药物的副反应，而综合服用成本仅是上述药物的 1/3。2011 年估计复方丹参滴丸在国内的销售额约 19 亿元（含税），未来国内销售额有望达到 30 亿～50 亿元；如果通过 III 期临床并在全球上市，假以时日，有可能成长为全球重磅炸弹药品（全球重磅炸弹药品的定义是年销售额超过 10 亿美元）。

总之，通过一个核心产品 15 年的发展，构筑起领先的产业链平台和较高行业竞争壁垒，与同类企业的差距正逐渐拉大。为了进行美国 FDA，全面完善了研发和生产管理，促使全产业链的全面标准创新与技术提升；公司竞争优势即体现在标准化现代中药产业链、前瞻性的产品战略，超前的知识产权保护意识、人才战略、国际化视野、强大的营销网络，以及品牌、规模优势。

◆ 二线品种快速发展

预计 2012 年，收入过亿的二线品种达到 5 个（养血清脑 5.8 亿、水林佳 2.1 亿、益气复脉 1.8 亿元、芪参益气滴丸 1.4 亿元、藿香正气）。二线产品的销售收入 13.2 亿元，占医药工业收入的比重为 41%。到 2015 年，二线产品及新产品收入 30.9 亿元，占医药工业收入 58.5 亿元的比重提升至 53%。二线产品均已进入 2009 版国家医保目录，具备了销售放量的基础条件——均为独家品种，具差异化竞争优势。

养血清脑：2006 年"养血清脑知识产权胜诉案"成为业内颇具影响力事件。作为"治疗慢性脑供血不足"的临床首选药物，逐步得到临床认知，2009 年开始放量，增速持续 30%～40%。2012～2013 年将充分受益于换包装效应，以及医院覆盖面的扩大，2012 年有望实现爆发式增长。

芪参益气滴丸：历时 6 年选择 4000 个病例开展"芪参益气滴丸对心肌梗死二级预防的循证医学研究"，是国内第一个站在国际循证医学高度的大规模中医临床研究项目，也是第一个具有自主知识产权的中医循证项目。这些研究将促使芪参益气滴丸成为未来又一个大产品。

水林佳：经典保肝药物，用于脂肪性肝病、药物性肝损伤。第四代水飞蓟宾类药物，纯度 98% 以上，天然植物提取，安全性好。

第一个中药粉针——注射用益气复脉：已进入全国 20 个省的医保目录，具备了大规模推广的基础，进入爆发增长期。

第二个中药粉针——注射用丹参多酚酸：2011 年 4 月 21 日获批，供不应求，在 2013 年注射剂产能扩产后开始步入营销上升期，过十亿的潜在大品种。

一类生物新药"注射用重组人尿激酶原"：2011 年 4 月取得新药证书和生产批文，10 月 9 日通过新版 GMP 认证，正处在市场导入期，后续开发新适应症，产生高额盈利需 3 年左右时间，更看好借此产品打造的基因工程药物产业化平台价值。

穿心莲内酯滴丸：是现代中药抗生素，主要成分穿心莲内酯含量高达 25%（其纯度高达 98%），是一般穿心莲片的 16.7 倍。固体分散滴制技术解决了穿心莲内酯难溶、难吸收问题，同类产品疗效最佳。

亚单位流感疫苗：2010 年获批，2011 年 11 月开始有批签发量并开始销售，产生亏损，可能考虑出售。

3．财务分析：健康

（1）盈利能力——较为突出，稳步提升。天士力毛利率处于中上游水平，扣非后净利率低于品牌消费类的东阿阿胶和片仔癀（无国家限价、不断提价）和采用底价代理模式的中恒集团，在以自销模式为主的处方治疗药企中排第一。ROE 处于中下游水平、主要是 10 年定向增发摊薄了 ROE、预计 2013 年天士力 ROE 将超过 20%，缩小与一线白马股的差距。

（2）成长性——表现优异。预计 2012～2014 年天士力医药工业增速 27%、主业净利润增速 32%，在一线白马股中排首位。

（3）偿债能力——属正常水平。

（4）经营效率——较为优异。天士力应收账款周转率远低于品牌消费类，在处方治疗药企中（终端主要为医院，账期长）处于中等水平。存货周转率处于上游。

（5）经营性现金流、分红表现均优异。

4．政策影响：受益

新医改政策对天士力有正面影响。

（1）中国政府坚定不移加大新医改投入，医保扩容、基药制度全覆盖都有利于天士力产品快速成长：2009～2011 年，全国财政医疗卫生累计支出 15166 亿元，其中中央财政 4506 亿元，与 2008 年同口径支出基数相比，三年新增投入 12409 亿元，比既定的 8500 亿元增加了 3909 亿元。2011 年，职工、居民、农民参合率 95% 以上；新农合医保补助提高到 240 元每人每年（2012 年）；报销支付标准提高（提高到农民年人均纯收入的 6 倍以上，且均不低于 5 万元）；医保基金当年结余率控制在 15% 以内，累计结余率控制在 25% 以内并不断降低。

（2）基本药物制度全覆盖：2011 年实现基药在基层的全覆盖，实行电子监管保证药品质量；未来有望向医疗机构推进。医改重点转向县级医院，县级医院将成为新的药品市场蓝海：国家医疗机构改革重点转向县医院（中国现有县级医院 6472 家），医改有望取得实质性突破。国家处方集、按病种收费、临床路径、用药监测等配套政策对医院合理用药水平提升会产生积极影响。县级医院改革之后有望促进优质药品的合理使用，这对性价比高的复方丹参滴丸和天士力系列产品都形成利好。

（3）行业指导政策促进整合，明确倾向优势企业和龙头企业：政策密集出台，包括新药审批难度加大、新版 GMP、药品流通行业发展规划、外商投资产业指导目录、产业结构调整指导目录以及最近出台的生物制药"十二五"规划、医药工业"十二五"规划、中药行业"十二五"规划等国家政策，为行业健康发展提供保障，同时也促进优势企业提高集中度和行业的快速整合。行业门槛不断提高，鼓励创新，而天士力工业和商业齐头并进，充分具备快速做大的基础，行业政策对其促进作用不言而喻。

（4）三轮驱动优势企业"强者恒强"：分享医药行业自然高增速，在行业集中度提升过程中抢占被淘汰企业的市场份额，外延式扩张。

5．发展趋势：即将跨入高级阶段——系统制胜

天士力发展三阶段和业绩趋势。

（1）初级阶段：单品突破，寻求核心竞争力（1994～2004 年）。

丹滴引领第一轮高成长。

拳头产品：复方丹参滴丸。

渠道：建立医院处方药销售网络和队伍。

管理：以"老板"为主。

目标：初步奠定民营企业在现代中药细分领域龙头地位；差异化竞争优势显现。

（2）中级阶段：细分为王，培养核心竞争力（2004～2014 年）。

以 2009 年为分界点又可分为两个子阶段：平台整固和投入期；产品线大为丰富、引领第二轮高成长期。

同心多元化：以大病种"心脑血管"为利基市场，进行品类细化，推出养血清脑颗粒/丸、芪参益气滴丸、益气复脉粉针、丹参多酚酸粉针、重组人尿激酶原等独家重磅品种，最大化共享复方丹参滴丸所创造的资源。

渠道：从医院向 OTC、基层拓展，同时医院市场精耕细作；布局全国医药商业网络，拓展零售终端；工商协力。

管理：建立职业经理人队伍和激励机制、践行 IPMP 国际项目化管理。

垂直多元化：立足现代科技创新，打造现代中药上下游先进制造产业链。

水平多元化：以中药滴丸剂为核心打造中药粉针剂、生物制剂两翼平台，培育其他细分领域市场。

目标：巩固现代中药龙头地位、探索国际化。

（3）高级阶段：系统制胜，强化核心竞争力（2014 年至今）

综合实力强劲，稳健成长。

战略：总体稳定局部持续创新和突破，建立综合壁垒，强化核心竞争力——细分领域标杆，使竞争者不战而退。通过整合资源提升规模和效率，实现"内生成长+外延扩张"双轮驱动。品牌提升，渠道精耕，企业文化创造凝聚力，追求基业长青。

竞争：非一域之争，而是系统制胜或价值链的群体竞争。

国际化：复方丹参滴丸有望全球上市，占据中医药国际标准制高点，掀起"中医药国际化的第四次浪潮"。

水平多元化：优化高端生物药和特色化药等其他细分领域竞争优势。

目标：打造全球市场现代中药细分领域龙头地位。

6．业绩预测和估值比较：稳健成长、攻守兼备

（1）盈利预测假设。根据前面分析进行假设如下所述。

重磅产品复方丹参滴丸：从 2010 年 4 季度起销售放量，增速明显提升。2011 年增长23%、2012 年上半年增长超过 20%（受益于"毒胶囊"事件是其中一个因素），2012、2013 年将继续受益于医院医生教育、基药扩大实施、换大包装、综合管理、FDA 宣传、目标客户精细管理等，有望增长 18%、15%左右。

二线产品：工业收入占比将超 40%，并保持 30%以上增速，拉动工业整体增速超过丹滴增速。

养血清脑颗粒/丸：充分受益于换包装效应，以及医院覆盖面的扩大，2012 年有望实现爆发式增长，2015 年销售额突破 10 亿元。

芪参益气滴丸：随着循症医学研究 2011 年完成，未来加大医院开发，预计 2012 年放量增长。

水林佳：经典保肝药物，疗效、安全性好，预计未来仍将保持较快增长。

第一个中药粉针——益气复脉：已进入全国 20 个省的医保目录，具备大规模推广的基础，进入爆发增长期。

第二个中药粉针——注射用丹参多酚酸：2011 年 4 月 21 日获批，供不应求，在 13 年注射剂产能扩产后开始步入营销上升期，5 年后有望成为销售过 10 亿的大品种。

一类生物新药"注射用重组人尿激酶原"：2011 年 4 月取得新药证书和生产批文，10 月 9 日通过新版 GMP 认证，正处在市场导入期，后续开发新适应症，产生高额盈利需 3 年左右时间，更看好借此产品打造的高端生物药产业化平台价值，3～5 年后构成强力增长点。

医药工业毛利率：丹滴的规模效益和二线产品过亿后的盈利效益体现，毛利率稳中小幅提升。

医药商业：主要服务于工业，收入快速增长，毛利率较为稳定，贡献稳定收益；网络隐性价值凸显。

期间费用率：医药工业期间费用率稳中有降，医药商业费用率基本保持稳定。

（2）结论。

与品牌中药和化学制药领域两龙头云南白药、恒瑞医药简单类比：天士力成长性和国际化前景突出，市值偏低，估值不应低于云南白药和恒瑞医药。

综合绝对估值和相对估值，公司未来一年期合理价值为 58 元～63 元，对应 13PE30–33x；

未来 5～10 年市值具有 3 倍潜力空间。

维持中长线"推荐"评级，值得长线坚守，分享现代中药龙头股成长。

6.4　思考与练习

1. 选择一家你感兴趣的上市公司，搜集整理其相关财务数据，分析其资产周转率、毛利率和资产权益等财务数据。

2. 选择不同行业的两家上市公司，搜集整理其相关财务数据，对比不同行业的流动比率、速动比率等财务数据的差异性。

3. 某公司流动比率为 2，加入公司年内实用现金收回应付票据，会使流动比率上升还是下降？会使资产周转率上升还是下降？

4. 什么是动态市盈率？我国高科技板块的市盈率普遍偏高，你如何理解这一现象。

5. 怎样从公司财务分析发现有投资价值的公司？

第 7 实验单元　股票价值评估

7.1　实验概述

◆　**实验名称**

股票价值评估

◆　**实验目的**

了解和掌握证券的理论价值的计算分析方法，并通过计算分析，得出各种证券的内在价值，研究它与市场价格间存在差异的原因。熟练运用相关股票价值评估理论对投资进行指导，使投资行为更趋于理性。

◆　**实验工具**

东方财富通、同花顺、大智慧和通达信等证券行情分析软件。

Excel 等数据处理分析软件。

7.2　理论基础

股票的内在价值是指股票未来各期收益的现值之和。它是股票的真实价值，也叫理论价值。投资者在买卖股票前，都要评估股票的内在价值，以分析目前该股票的市场价格是否合理。如果股票内在价值超过市场价格，说明该股票价格被低估，投资者可以考虑买进；如果股票内在价值远低于市场价格，就说明该股票价格被高估，具有下跌的可能，投资者可以考虑卖出。

7.2.1　股利贴现模型

股票的内在价值是其预期未来现金流按与该股票风险相对应的贴现率贴现后的现值之和。股票的未来现金流是股利和最终售价。由于股票总是处在不停转手过程中，最终售价的高低取决于投资者对未来股利水平的预期，即未来售价又可以表示成一系列永续的股利。这样，决定股票内在价值的因素就可归纳为两个：未来的股利和市场均衡时按风险调整的贴现率。按风险调整后的贴现率须用资本资产定价模型（CAPM）计算。本单元假定对于给定的风险水平，市场均衡时的未来收益的贴现率（即应有收益率）已知，用小写字母 k 表示。

1. 零增长股利贴现模型

设 V_0 为普通股每股现值；D_1 为第 1 期的股利；k 为贴现率。假设 k 与股利每期都不变，

$$V_0 = \frac{D_1}{k}$$

（7.2.1）

公式（7.2.1）称为零增长模型（zero growth model），适用于那些固定利息收入的股票，如优先股股票。

2. 固定增长股利贴现模型

这一模型设定预期股利每年以固定速率（g）增长，并假设股利增长率低于应有收益率，即 $g < k$，则上式又可写为：

$$V_0 = \frac{D_1(1+g)}{k-g} = \frac{D_1}{k-g} \tag{7.2.2}$$

3. 变动型股利贴现模型

在前面两个股利估价模型中，为了便于计算和说明问题，附加了许多约束条件。在实际情况下，这些条件不一定满足，这就使股票内在价值预估的准确度降低。当股利增长率不固定时，假设股利增长率在一定时期内维持在一个异常高或异常低的水平，即 g_1；其后恢复为正常增长率 g_2 水平，则贴现模型可推导如下：

$$
\begin{aligned}
V_0 &= \sum_{t=1}^{n} \frac{D_0(1+g)^t}{(1+k)^t} + \frac{P_n}{(1+k)^n} = \sum_{t=1}^{n} \frac{D_0(1+g)^t}{(1+k)^t} + \sum_{m=n+1}^{\infty} \frac{D_m}{(1+k)^{m-n}} \cdot \frac{1}{(1+k)^n} \\
&= \sum_{t=1}^{n} \frac{D_0(1+g_1)^t}{(1+k)^t} + \sum_{m=n+1}^{\infty} \frac{D_0(1+g_2)^{m-n}}{(1+k)^{m-n}} \cdot \frac{1}{(1+k)^n} \\
&= \sum_{t=1}^{n} \frac{D_0(1+g_1)^t}{(1+k)^t} + \frac{D_{n+1}}{k-g_2} \cdot \frac{1}{(1+k)^n}
\end{aligned}
\tag{7.2.3}
$$

4. 自由现金流股价方法

另一种可以替代股息贴现模型对公司进行估价的方法是用自由现金流来估值，自由现金流即是去除资本支出后的公司或股东获得的现金流。这种方法特别适合于那些无需支付股息的公司，因为这种情况下股息贴现模型就无法应用。自由现金流模型适合于任何公司并且能够提供股息贴现模型无法得到的有用信息。

一种方法是运用加权平均资本成本对公司自由现金流进行贴现来获得公司的价值，然后减去那时的债务来得到权益的价值。另一种方法是直接对股权自由现金流（FCFE）折现来得到权益的市场价值。公司自由现金流的计算公式如下：

$$\text{FCFF} = \text{EBIT}(1-t_c) + 折旧 - 资本性支出 - \text{NWC 追加额} \tag{7.2.4}$$

式中，EBIT 为息税前利润；t_c 为税率；NWC 为营运资本。这些现金流是公司经营所产生的，扣除资本性支出和净营运资本后的现金流。它既包括支付给股东的现金流，也包括支付给债权人的现金流。

另一种方法，可以选择股权自由现金流来估算公司的价值。股权自由现金流与公司自由现金流的不同之处在于它的计算中涉及税后利息费用、新发行或者重置债务（如资本费用减去新发行债务获得的收入）。

$$\text{FCFE} = \text{FCFF} - 利息费用 \times (1-t_c) + 新增债务 \tag{7.2.5}$$

公司自由现金流贴现模型是把每一年的现金流逐年贴现值与某个最终价值的估计值相加，式（7.2.6）中的 P_T 即最终价值的估计值，是通过固定增长模型得到，贴现率为加权平均资本成本。

$$公司价值 = \sum_{t=1}^{T} \frac{\text{FCFF}_t}{(1+\text{WACC})^t} + \frac{P_T}{(1+\text{WACC})^t}，其中 P_t = \frac{\text{FCFE}_{T+1}}{\text{WACC} - g} \tag{7.2.6}$$

要得到股权价值，则从推导出来的公司价值中减去现有负债的市场价值。另外，可以通过股权资本成本 k_E，对股权自由现金流（FCFE）进行贴现：

$$权益价值 = \sum_{t=1}^{T} \frac{FCFE_t}{(1+k_E)^t} + \frac{P_T}{(1+k_E)^T}, \quad 其中 P_t = \frac{PCFE_{T+1}}{K_E - g} \tag{7.2.7}$$

与股息贴现模型一样，自由现金流模型也运用一个最终价值来避免把无限期的现金流相加。最终价值可以简单地等于永续稳定增长自由现金流的现值（如上面的公式），或者根据 EBIT、账面价值、收益或自由现金流计算得到。作为一般规律，内在价值的估计都要依靠最终价值得到。

7.2.2　市盈率估值法

市盈率估价法就是把市盈率（P/E）乘以每股收益所得的乘积作为普通股的预估价值。每股收益反映的是普通股的获利水平，而市盈率反映投资者为获得每元收益所付出的成本，或者说单靠普通股的收益需要多长时间才可收回购买股票的投资，因此上述两个指标与股票价格的关系极其密切。另外，由于现金股利的未来变化很难预期，而每股收益和市盈率的计算则相对容易，故市盈率估价法能更方便地用于估算股票价值。

1．每股收益的估计方法

（1）估计正常每股盈余的增长率法。投资者在确认历史上每股盈余按某一固定增长率增长并认为未来盈余仍按此比率增长时，就可运用本方法，按照估算的固定增长率的数字来推算以后各期的每股盈余。

（2）估计正常每股盈余对销售收入的回归分析法。这种方法通过回归分析法求出每股盈余与销售收入之间的回归模型，其中销售收入为自变量，每股盈余为因变量。根据两者的回归模型，就可以通过对全年销售收入的估计来预估正常每股盈余。

2．预期市盈率的估计方法

（1）可比公司法。估计一家公司预期市盈率最普遍使用的方法是选择一组可比公司，即在股票的市盈率相同的情况下，选取与待估计市盈率股票所在公司风险类似的公司，计算出这些同类风险公司的市盈率平均数，以此作为这种股票预期市盈率的估计值。上海市 1992 年新股发行价制定时，就采用了可比公司法。主管部门把发行新股的公司先归类为制造业、商业等不同行业，确定不同行业各自的市盈率（根据市场上同类行业股票的平均水平），再将同一行业中不同公司按过去盈利和未来盈利预测状况排队，在平均市盈率基础上增减一定数额，确定最后的定价。在股票交易市场上，投资者同样可以运用这种方法。

（2）理论市盈率。设现时每股盈余为 E_0，将股利贴现基本模型式的两边同时除以 E_0，即可得：

$$\frac{V_0}{E_0} = \frac{1}{E_0} \sum_{t=1}^{\infty} \frac{D_t}{(1+k)^t} \tag{7.2.8}$$

公式（7.2.8）就是估计预期市盈率的贴现现金流量模型。

由于 V_0 是每股股票的内在价值，代表着市场均衡价格，因此 V_0/E_0 代表股票以均衡价格衡量时的市盈率，即正常市盈率，又称理论市盈率。而 P_0/E_0 代表股票以实际价格衡量时的市盈率，称为实际市盈率。通过理论市盈率与实际市盈率的比较，就可决定投资策略。具体说来，若 $V_0/E_0 > P_0/E_0$，表明该股票被低估，宜买进；若 $V_0/E_0 < P_0/E_0$，表明该股票被高估，宜卖出。

7.3 实验内容

7.3.1 多阶段增长模型

本节实验内容以美国惠普公司为例[⑥]，运用 Excel 软件计算。

惠普公司的两阶段增长模型是一个接近于现实的良好的开端。但是很明显，如果估价模型能适用于更灵活的增长模式会更好。多阶段增长模型允许每股股利在公司成熟期按不同的增长率增长。许多分析师使用三阶段增长模型。他们可以假设公司在发展初期股利有一个高速增长（或者以年为期对股利做出短期预测），公司在最后成熟时期，股利则持续稳定增长，另外有一个在初期和成熟期两者间的转换期，在这期间股息增长率由最初高速增长逐渐递减，最终变成稳定增长。从概念上来说这些模型的运用并不比二阶段模型更难，但它需要更多的计算，用人工做很烦琐。然而如果为该模型建立 Excel 表格，那么就会变得很简单。

惠普公司的估值见电子数据表（表 7.3.1）。

表 7.3.1　惠普公司三阶段增长模型

	A	B	C	D	E	F	G	H	I
1	inputs			Year	dividend	Div growth	term value	investor CF	
2	beta	1.4		2006	0.32			0.32	
3	mkt_prem	0.065		2007	0.38			0.38	
4	rf	0.05		2008	0.44			0.44	
5	k_equity	0.141		2009	0.5			0.5	
6	plowback	0.81		2010	0.58	0.16		0.58	
7	roe	0.216		2011	0.67	0.157		0.67	
8	term-growth	0.13		2012	0.77	0.154		0.77	
9				2013	0.89	0.151		0.89	
10				2014	1.02	0.148		1.02	
11				2015	1.17	0.145		1.17	
12	value line			2016	1.34	0.142		1.34	
13	forecasts of			2017	1.52	0.139		1.52	
14	annual dividents			2018	1.73	0.136		1.73	
15				2019	1.96	0.136		1.96	
16				2020	2.22	0.13		2.22	
17	transitional period			2021	2.5	0.13	257.29	259.8	
18	with slowing								
19	growth							36.05	PV of CF
20		beginning of cons				E17*(1+F17)/(B5-F17)			
21		growth period				NPV(B5,H2:H17)			

（1）输入数据。B 列为相关的惠普公司数据。E 列为股息的预测值。

---

⑥ 本案例来自滋维·博迪《投资学》第七版（机械工业出版社）第 386～387 页。

单元格 E2 到 E5 为美国价值线公司对接下来 4 年的预测，在此期间股息增长迅速，年平均增长率约为 16%。除了股息增长从 2010 年突然转入稳定增长率之外，预计其股息增长速度将从 2010 年的 16% 逐年递减 0.3% 直到 2020 年（见 F 列），最终以 13% 的增长率稳定增长。在转折期内每年的股息等于前一年的股息乘以当年的股息增长率。

（2）计算未来现金流的净现值。

首先确定各期的现金流。2006~2020 年的现金流已知，关键在于确认 2021 年现金流。2021 年的投资现金流等于当年的股息加上股票价格。股票价格从进入稳定增长阶段开始通过 DDM 模型得出，即以 B5 为贴现率，以 0.13 为股利固定增长率计算得出。即 G17(257.29)=E17*(1+F17)/(B5−F17)。2021 年现金流为 H16(259.8)=257.29+2.5。

然后计算投资现金流的现值。即把未来每期的现金流折现，可以直接通过 excel 的计算现值的公式计算：H19(36.05)=NPV(B5,H2:H17)。

现金流的现值计算结果为 36.05 美元，大约比两阶段增长模型的价值增加了 15%。在此获得了更大的内部价值是因为假定股息增长逐年递减直到达到稳定价值。

7.3.2 自由现金流模型

电子数据表（表 7.3.2）列示了通过美国价值线公司提供的数据得出惠普公司自由现金流的估值情况。[7]

（1）计算公司的自由现金流，参考电子数据表中的版块 A 和版块 B。

电子数据表中的板块 A 列出了价值线公司提供的一些数值，年中值由年初和年末值插补得到（灰色部分是公司提供的已知数据，其中 3~11 行 E 和 F 列的数值通过插补法得到）。

板块 B 计算自由现金流。第 11 行的税后利润（来自价值线公司）与第 12 行的税后利息费用[如利息费用（1−t_c）]之和等于 EBIT(1−t_c)。第 13 行是应减去的净营运额增加值，第 14 行是应加回的折旧值，第 15 行为应减去的资本支出。第 17 行是计算得到 2006~2009 年公司的自由现金流，FCFF。第 18 行计算得到 2006~2009 年公司的股权现金流，FCFE。

根据公式 7.2-4，D17=D11+D12−D13+D14−D15。

根据公式 7.2-5，D18=D17−D12+D5−C5。

（2）计算公司自由现金流的现值，参考电子数据表中的版块 C 和版块 D。

为了得到自由现金流的现值，则要以 WACC 作为贴现率对其折现，计算情况见板块 C。WACC 等于税后债务成本和股权资本成本的加权平均值。在计算 WACC 时，必须考虑价值线公司预测的杠杆率的变化。计算股权资本成本时，运用前面提到的 CAPM 模型进行计算，但是要考虑到随着杠杆率的下降，股权风险系数 β 也会变小。

为了找到惠普公司的债务成本，这里注意到 2005 年它的长期债务评级为 A，并且当年到期的评级为 A 的债务为 5.7%。惠普公司资产负债率的计算见第 29 行（假设它的债券出售价值为票面价值），WACC 的计算见第 32 行，2006~2009 年间，随着资产负债率的下降，WACC 略有上升。现金流的贴现因子等于上一年的贴现因子除以（1+WACC）。每年的现金流

⑦ 本案例来自滋维·博迪《投资学》第七版（机械工业出版社）第 394~395 页。

的贴现值等于当年的自由现金流乘以累计的贴现因子。

公司的最终价值（单元 H17）由稳定增长模型 $FCFF_{2009} \times (1+g) / (WACC_{2009} - g)$ 得到，其中 g（单元格 B23）是增长率的假设值。电子数据表中假定的 $g=0.05$，相对于宏观经济增长率略微偏高。最终价值也要折现到 2005 年权益的内在价值（单元格 J37）等于公司价值减去债务，每股价值等于权益价值除以股票数，结果见单元格 K37。

通过股权自由现金流方法得出了相似的内在价值。FCFE（18 行）等于 FCFF 减去税务利息以及债务净值。然后将自由现金流以股权收益率贴现。如 WACC，权益成本随着杠杆率的变动每期都不同。权益现金流的贴现因子见 34 行。权益价值见单元格 I38，每股价值见单元格 K38。

表 7.3.2　惠普公司自由现金流模型

	A	B	C	D	E	F	G	H	I	J	K
1		2004	2005	2006	2007	2008	2009				
2	A.Value Line data										
3	P/E	15.9	14.1	15.08	16.05	17.03	18				
4	Cap spending/shr	0.73	0.7	1	1.03	1.07	1.1				
5	LT Debt		3392	3090	2790	2490	2190				
6	Shares		2850	2800	2700	2600	2500				
7	EPS		1.62	1.7	2	2.3	2.6				
8	Working Capital		11874	13285	13948	14612	15275				
9											
10	B.Cash flow calculations										
11	Profits(after tax)		4708	4860	5490	6120	6750				
12	Interest(after tax)		94.3	85.9	77.5	69.2	60.9	=2005interest(1-tax)×[Debt(year t)/Debt(2005)]			
13	Chg Working Cap			1411	663.3	663.3	663.3				
14	Depreciation			2625	2880	3135	3390				
15	cap Spending			2800	2783.3	2766.7	2750				
16								Terminal value			
17	FCFF			3359.9	5000.9	5894.2	6787.5	81637.1			
18	FCFE			2972	4623.3	5525	6426.7	75729.5			
19											
20	C.Discount rate calculations										
21	Current beta	1.4						from Value Line			
22	Unlevered beta	1.355						current beta/[1+(1-tax)*debt/equity]			
23	terminal growth	0.05									
24	tax_rate	0.35									
25	r_debt	0.0428						interest in 2005 divided by LT debt			
26	risk-free rate	0.05									
27	market risk prem	0.065									
28	MV equity		66383	73265	88115	104193	121500	Row 3×row 11			
29	Debt/Value			0.04	0.03	0.02	0.02	Row 5/(Row 5+Row 28)			
30	Levered beta			1.392	1.383	1.376	1.371	unlevered beta × [1+(1-tax)*debt/equity]			
31	K_equity			0.14	0.14	0.139	0.139	0.139	from CAPM and levered beta		
32	WACC			0.136	0.137	0.137	0.137	0.137	(1-t)*r_debt*D/V+k_equity*(1-D/V)		
33	PV factor for FCFF		1	0.88	0.774	0.681	0.599	0.599	Discount each year at WACC		
34	PV factor for FCFE		1	0.877	0.769	0.675	0.593	0.593	Discount each year at k_equity		
35											
36	D.present values								Intrinsic v	Equity val	intrin/share
37	PV(FCFF)			2957	3872	4013	4064	48874	63779	60387	21.19
38	PV(FCFE)			2606	3556	3730	3809	44880	58581	58581	20.55

注：D33=1/(1+D32)；E33=D33/(1+E32)

　　D34=1/(1+D31)　；E34=D34/(1+E31)

　　D37=D17*D33　；D38=D18*D34

　　J37=I37−C5；K37=J37/C6　；K38=J38/C6

7.3.3　市盈率相对盈利增长比率

市盈率估值法以美国投资家彼得·林奇的市盈率相对盈利益长比率方法为例。[8]

投资者不仅要关注公司市盈率，而且要注意公司的增长率。否则一些高市盈率公司就会落入投资范围之外，而这些公司恰恰可能是最有投资价值的。公司市盈率和增长率的比值（PEG），这是一种迅速考察市价合理性的方法。所谓 PEG，是用公司的市盈率（PE）除以公司未来 3 年或 5 年的每股收益复合增长率。比如一只股票当前的市盈率为 20 倍，其未来 5 年的预期每股收益复合增长率为 20%，那么这只股票的 PEG 就是 1。

当 PEG 等于 1 时，表明市场赋予这只股票的估值可以充分反映其未来业绩的成长性。如果 PEG 大于 1，则这只股票的价值就可能被高估，或市场认为这家公司的业绩成长性会高于市场的预期。通常，那些成长型股票的 PEG 都会高于 1，甚至在 2 以上，投资者愿意给予其高估值，表明这家公司未来很有可能会保持业绩的快速增长，这样的股票就容易有超出想象的市盈率估值。当 PEG 小于 1 时，要么是市场低估了这只股票的价值，要么是市场认为其业绩成长性可能比预期的要差。通常价值型股票的 PEG 都会低于 1，以反映低业绩增长的预期。投资者需要注意的是，像其他财务指标一样，PEG 也不能单独使用，必须要和其他指标结合起来，这里最关键的还是对公司业绩的预期。由于 PEG 需要对未来至少 3 年的业绩增长情况做出判断，而不能只用未来 12 个月的盈利预测，因此大大提高了准确判断的难度。事实上，只有当投资者有把握对未来 3 年以上的业绩表现做出比较准确的预测时，PEG 的使用效果才会体现出来，否则反而会起误导作用。此外，投资者不能仅看公司自身的 PEG 来确认它是高估还是低估，如果某公司股票的 PEG 为 1.2，而其他成长性类似的同行业公司股票的 PEG 都在 1.5 以上，则该公司的 PEG 虽然已经高于 1，但价值仍可能被低估。所以 PEG 本质上还是一个相对估值方法，必须要对比才有意义。

用 PEG 指标选股的好处就是将市盈率和公司业绩成长性对比起来看，其中的关键是要对公司的业绩作出准确的预期。投资者普遍习惯于使用市盈率来评估股票的价值，但是，当遇到一些极端情况时，市盈率的可操作性就有局限，比如市场上有许多远高于股市平均市盈率水平，甚至高达上百倍市盈率的股票，此时就无法用市盈率来评估这类股票的价值。但如果将市盈率和公司业绩成长性相对比，那些超高市盈率的股票看上去就有合理性了，投资者就不会觉得风险太大了，这就是 PEG 估值法。PEG 虽然不像市盈率和市净率使用得那样普及，但同样是非常重要的，在某些情况下，还是决定股价变动的决定性因素。

用 PEG 可以解释许多市场现象，比如一家基本面很好的公司估值水平却很低，而另一家当前业绩表现平平的公司股票却享有很高的估值，而且其估值还在继续上涨，其中的缘由就是这两家公司的成长性不同。前者虽然属于绩优公司，但可能已经失去了成长性，用 PEG 来衡量可能已经并不便宜，投资者不再愿意给予它更高的市盈率。后者虽然当前盈利水平不高，但高成长性可以预期，当前价格不见得很贵，只要公司能不断实现预期的业绩增长，其高估值水平就能保持，甚至还能提升。这就是股市的重要特征，股价的表现最终都要靠公司

---

[8]本小节内容源自"搜狐读书：赵文明.《彼得·林奇投资选股智慧全集》"。

的成长性预期来决定。对高成长的公司就可以出更高的价钱，低成长性的公司就只能匹配低价，PEG很好地反映了这一投资理念。

PEG 的使用是彼得·林奇最为出名的地方。他假定一家公司有一个市盈率（意味着它是盈利的），然后他用该公司的历史增长率来除。其他人也使用类似的公式，但他们用的是公司估计的长期增长率。彼得·林奇采用历史数据，因为他觉得使用估计的数据处理增长率只不过是在猜测。

彼得·林奇所寻找的基本上是那些市盈率等于增长率的公司，也就是他认为定价公正的股票。因为市盈率等于增长率，这表示市盈率与增长率必须保持同步——当增长率提高时，市盈率也提高。对于彼得·林奇来说，这是非常好的。

当然，彼得·林奇也喜欢讨价还价。所以，如果市盈率只有增长率的一半或者更少（例如增长率是 40%，而市盈率是 18 倍），那就更好了。这种情况会使彼得·林奇非常高兴，但这么低的比率还是很少见的。

彼得·林奇认为市盈率对增长率的比率上升到 1.5 也是可接受的（例如，增长率为 20%，而市盈率为 30 倍）。如果一家公司的市盈率对增长率的比率在 1.5~1.8，就没有太多吸引力了，但还没有被彻底地排除。然而，如果公司的该比率在 1.8 之上，那就完全没有意思了。

彼得·林奇运用市盈率增长比率衡量股票的具体标准如下：

（1）PEG≤0 5，不错的买价；

（2）0.5 < PEG≤0.999，较有吸引力；

（3）0.999 < PEG≤1.5，一般；

（4）1.5 < PEG≤1.8，不太有吸引力，但尚可接受；

（5）PEG > 1.8，很糟的买价。

请用上述 PEG 方法衡量创业板上市公司的估值是否合理。

7.4　思考与练习

1. 采集你所关注的股票的相关净利润及股票红利数据资料，整理计算，列出上市公司历年净盈利与股息红利表。

2. 按市盈率法，以上市公司合理市盈率 20 倍，计算该上市公司的理论价值。

3. 按股利贴现现金流模型，计算该上市公司的理论价值。

4. 统计近三个月来的平均股价，分析说明目前该股票的市场交易价格是否合理，未来走势如何。

5. 与同行业其他一家公司进行对比，分析两家公司交易价格差异的原因。

第 8 实验单元 投资组合理论

8.1 实验概述

◆ **实验名称**

投资组合理论

◆ **实验目的**

熟练运用现代投资理论知识挑选和分析证券，建立投资组合。

◆ **实验工具**

东方财富通、同花顺、大智慧、通达信等证券行情分析软件。

Excel 等数据处理分析软件。

8.2 实验理论基础

8.2.1 资产组合的收益与风险

（1）资产组合的含义。资产组合一般是指投资者在金融市场的投资活动中，根据自己的风险—收益偏好所选择的几种金融工具的集合。投资者之所以要进行资产组合，是为了避免因投资上的孤注一掷而可能导致全军覆没的情况。在评估一个资产组合的风险时，投资者必须考虑到资产收益之间的相互作用。投资于补偿形式的资产，使之抵消可能遇到的风险被称为套期保值。控制资产组合风险的另一个工具是分散化，这意味着投资是散布于各类资产中的，以保证任何特定证券所暴露风险的有限性。通过把鸡蛋放在许多篮子中，整个资产组合的风险实际上要比资产组合中任何一个孤立的证券所有的风险低得多。

（2）资产组合的收益。若投资者构建由 n 支证券构成的投资组合 P，设 w_i 为第 i 支证券的期初总值占组合 P 期初总值的比例，$E(r_i)$ 为第 i 支证券的期望收益率，$E(r_p)$ 为投资组合 P 的期望收益率：

$$E(r_p) = \sum_{i=1}^{n} w_i E(r_i) \tag{8.2.1}$$

（3）资产组合的风险。资产组合的风险可以用其方差来度量，由 n 个证券组成的证券组合的方差为：

$$\sigma_p^2 = \mathrm{var}(r_p) = \mathrm{var}\left(\sum_{i=1}^{n} w_i r_i\right)$$
$$= \sum_{j=1}^{n} \sum_{i=1}^{n} w_i w_j \, \mathrm{cov}(r_i, r_j) \tag{8.2.2}$$

$$= \sum_{i=1}^{n} w_i^2 \sigma_i^2 + \sum_{i=1}^{n} \sum_{j=1, i \neq j}^{n} w_i w_j \text{cov}(r_i, r_j) \qquad (8.2.3)$$

8.2.2 投资组合的建立

（1）风险资产与无风险资产组合。资本配置决策主要解决的问题是在整个资产组合中确定各项大类资产的比例。如果假定股票和债券为风险资产的代表，国库券为无风险资产的代表，那么，投资者进行资本配置决策就是要解决将投资的多大比例购买股票和债券，多大的比例购买国库券。这也是投资者面临的最基本的决策。

风险资产与无风险资产组合的收益与风险的关系在收益—标准差平面中恰好表现为连接代表无风险资产点与代表风险资产点的直线。这条直线叫做资本配置线，它表示投资者的所有可行的风险收益组合。

（2）效率投资组合的建立。两种股票间的期望收益率相关系数越小，代表投资组合的轨迹或曲线越向纵轴弯曲，反映组合风险的降低。实际上，相关系数等于+1 或−1 的股票根本不存在（也许会很接近+1 或−1）。也就是说，在证券市场上不可能找到两种不同的股票，其期望收益率好完全一致，或正好完全相反。故代表所有组合的轨迹将不可能是直线段，而应是曲线，线的弧度因相关系数的大小而异。相关系数越小，组合的曲线越向纵轴弯曲。

假设资本市场上，共有 N 种具有风险的不同资产，N>2。每一种资产（或股票）可用其期望收益率和风险所表示，故每一资产或股票都可对应收益标准差平面的一点。N 种资产，由 N 点代表。任何两种资产的组合将会坐落于代表组合的曲线上，且曲线是向纵轴弯曲。如果持续进行建立资产组合及组合的组合，最终将会得到一个类似扇形的面积。

扇形面积代表在资本市场内所有具有风险投资机会的集合。而扇形以外的点不能代表投资机会，因为它是不存在的。根据均值—方差准则，则对投资决策具有价值的投资组合完全坐落于投资机会集合的最左边缘曲线上。但并不是所有坐落于左边缘曲线上的组合都是最佳组合或效率组合。只有坐落在 a 及 b 间的左边缘曲线上才是效率组合（Efficient Portfolios），如图 8.2.1 所示（在 a 点的斜率等于无限大，而 b 点的斜率是零）。左边缘曲线上的组合代表在某一特定的期望收益率下，其风险最低。故左曲线上的组合被称为最低风险组合，称为效率边界。因此，一个效率组合必须同时具备下列两种条件：①就某一特定风险而言，其期望收益率比其他同等风险的组合更高；②就某一特定期望收益率而言，其风险比其他具有同等期望收益率的组合更低。

（3）最优资产组合。无风险资产的存在，提供给投资者改进投资组合的机会。无风险资产与有效率边界任一点所代表的风险资产组合再组合，可以得到一组由无风险点出发的资产配置射线。但在众多的组合中，有一个特殊的组合 T 是非常重要的。由于无风险资产与风险投资组合进行的新组合都处在连接无风险资产与风险资产组合两点的直线上，又由于马克威茨模型中的效率边界是凹性的（即向纵轴凸出），因此，存在着唯一的投资组合，该投资组合与无风险资产进行新的组合所产生的风险与收益给投资者带来最大的效用。这一投资组合是从无风险点 r_f 向效率边界画切线时所产生的切点。任何一条经过无风险利率点的射线，只要斜率低于这条切线的斜率，就不能带来最佳的收益与风险的匹配，因为在给定风险时，这条切线所带来的收益是最高的，因此给投资者带来的效用也是最大的。任何经过无风险点 r_f，但斜率高于切线的射线都是不可能的，因为在这样射线上的点都超过了马克威茨投资集的范围。

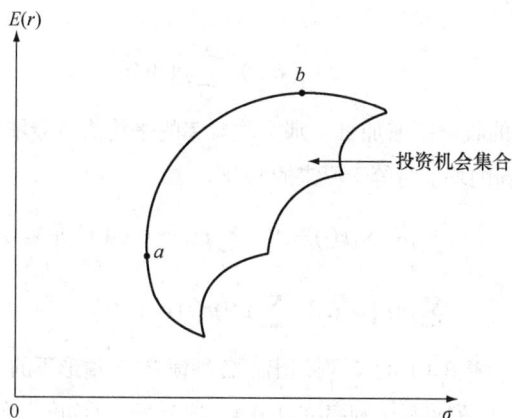

图 8.2.1　投资机会集合

如图 8.2.2 所示，引入无风险资产后，新的效率边界就变成了一条直线，在这条直线上，所有的组合都是无风险证券与切点 T 组合而成的新组合。投资者的最优组合一定落在新的直线效率边界上。

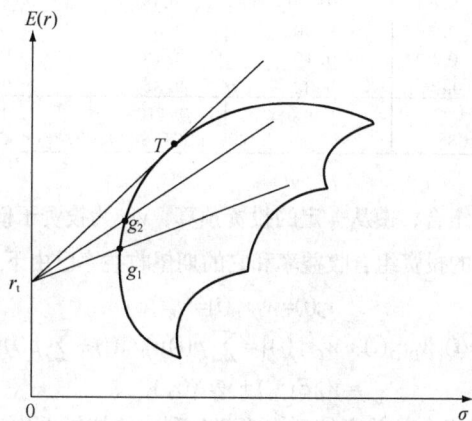

图 8.2.2　直线效率边缘的形成

8.3　实验内容

本节实验内容包括证券、证券组合的期望收益、风险的计算，以及计算投资组合的有效边界计算，均使用 Excel 软件。[9]

8.3.1 投资组合相关统计量的计算

1. 期望收益

"期望值"和"平均值"可以互换。在这个分析中将存在 n 中状态，状态 i 的收益率为 $r(i)$ 概率为 $p(i)$，期望收益是：

$$E(r)=\sum_{i=1}^{n} p(i)r(i) \qquad (8.3.1)$$

如果想使每种状态的收益率增加 Δ，那么收益率的平均值将会增加 Δ。如果你在每一种状态的收益率乘以 w，新的均值将等于原来的 w 倍。

$$\sum_{i=1}^{n} p(i)\times[r(i)+\Delta]=\sum_{i=1}^{n} p(i)r(i)+\Delta\sum_{i=1}^{n} p(i)=E(r)+\Delta$$

$$\sum_{i=1}^{n} p(i)[wr(i)]=\sum_{i=1}^{n} p(i)r(i)=wE(r) \qquad (8.3.2)$$

期望收益率的计算。表 8.3.1 的 C 列列出了各种债券 D 情形下的收益率。在 D 列给每一个状态收益率加上 3%。E 列将每个利率乘以 0.4。这个表告诉如何计算 C、D 和 E 列的期望收益率。明显可以看出 D 列增加了 3%（0.08～0.11），E 列都乘以了 0.4（0.08～0.032）。

表 8.3.1 期望收益率的计算

	A	B	C	D	E
1			表8B-1:债券状态分析		
2	状态	概率	状态收益率		
3			$r_D(i)$	$r_D(i)+0.03$	$0.4*r_D(i)$
4	1	0.14	−0.10	−0.07	−0.040
5	2	0.36	0.00	0.03	0.000
6	3	0.30	0.10	0.13	0.040
7	4	0.20	0.32	0.35	0.128
8	均值		0.080	0.110	0.032
9	单元C8		=SUMPRODUCT($B$4:$B$7, C4:C7)		

现在来构建一个投资组合，遵从一定的投资预算，w_D 为投资于债券的比例，w_E 为投资于股票的比例。每一种状态的投资组合收益率和它的期望收益率已由下式确定：

$$r_p(i)=w_D r_D(i)=w_E r_E(i)$$

$$E(r_p) = \sum p(i)[w_D r_D(i) + w_E r_E(i)] = \sum p(i)w_D r_D(i) + \sum p(i)w_E r_E(i)$$

$$= w_D E(r_D) + w_E E(r_E) \qquad (8.3.3)$$

在每种状态下的投资组合收益率是各构成部分利率的加权平均值。权重是投资于这些资产的比例部分，即投资组合权重。投资组合的期望收益率是资产均值的加权平均。

投资组合收益率的计算。表 8.3.2 列出了股票和债券的收益率。假定权益的权重为 0.6，而债券的权重为 0.4，每种状态下的投资组合收益率如 L 列所示。使用 SUMPRODUCT 函数，即用每一种状态的收益率（列 L）乘以每一种状态的概率，然后求和，即在单元格 L8 得出了

⑨ 本节内容源自滋维·博迪《投资学》第七版（机械工业出版社）第150～159页。

投资组合的期望收益率 0.1040。

表 8.3.2 投资组合收益率的计算

	H	I	J	K	L
1			表8B-2 债券和股票状态分析		
2	状态	概率	状态收益率		投资组合收益
3			$r_D(i)$	$r_E(i)$	$0.4*r_D(i)+0.6*r_E(i)$
4	1	0.14	-0.10	-0.35	-0.2500
5	2	0.36	0.00	0.20	0.1200
6	3	0.30	0.10	0.45	0.3100
7	4	0.20	0.32	-0.19	0.0140
8	均值		0.08	0.12	0.1040
9	单元L4				=0.4*J4+0.6*K4
10	单元L8				=SUMPRODUCT($I$4:$I$7,L4:L7)

2．方差和标准差

假设在某种状态下，资产的期望收益率的方差和标准差可以由式（8.3.4）得出：

$$\sigma^2(r) = \sum_{i=1}^{n} p(i)[r(i)-E(r)]^2$$
$$\sigma^2(r) = \sqrt{\sigma^2(r)}$$

（8.3.4）

注意到方差项是平方项。而标准差是方差开方后的值，与原来的收益相比有同样的单位，因此它作为衡量收益波动性的工具更简便有效。

给每种状态的收益率加上一个固定的值 Δ。相应收益率均值也增加了 Δ。因此，每一种状态相对收益率均值的偏差并不受影响，方差和标准差 SD 都没有受影响。相反，当给每一种状态乘以一个 w，方差值等于原来的方差乘以 w^2（即 w 乘以 SD）。

$$Var(wr) = \sum_{i=1}^{n} p(i)[wr(i)-E(wr)]^2 = w^2\sigma^2$$
$$SD(wr) = \sqrt{w^2\sigma^2} = w\sigma(r)$$

（8.3.5）

Excel 中并没有直接的方法可以算出每一状态分析的方差和标准差。里面的 STDEV 和 VAR 函数用于直接计算概率加权平均的方差值。为了避免不得不先计算每列的相对于均值的偏差的平方，可能通过用两列可计算项的差作为方差来解决这一难题。

$$\sigma^2(r) = E[r-E(r)]^2 = E\{r^2+[E(r)]^2-2rE(r)\}$$
$$= E(r^2)+[E(r)]^2-2E(r)E(r)$$

（8.3.6）

$$= E(r^2)-[E(r)]^2 = \sum_{i=1}^{n} p(i)r(i)^2 - \left[\sum_{i=1}^{n} p(i)r(i)\right]^2$$

在 Excel 中计算风险资产的方差。可以在式（8.3.6）中用 Excel 的 SUMPRODUCT 函数，计算第一个表达式 $E(r^2)$。例如，在表 8.3.3 中，C21 单元格总的 $E(r^2)$ 是通过使用 SUMPRODUCT 函数，用状态概率乘以资产收益率再乘以资产收益率。接着再减去 $[E(r)]^2$（注意到在单元格 C21 中减去 C20^2）即得到方差。

投资组合收益率的方差并不像计算均值那么简单。投资组合的方差不是资产方差的加权平均。任何情形下，投资组合收益率相对于其收益率均值的偏差可由式（8.3.7）得出：

$$r_p - E(r_p) = w_D r_D(i) + w_E r_E(i) - [w_D E(r_D)] + w_E E(r_E)]$$
$$= w_D[r_D(i)-E(r_D)] + w_E[r_E(i)-E(r_E)]$$
$$= w_D d(i) + w_E e(i)$$

（8.3.7）

表 8.3.3　风险资产方差的计算

	A	B	C	D	E
13			表8B-3:债券状态分析		
14	状态	概率	状态收益率		
15			$r_D(i)$	$r_D(i)+0.03$	$0.4*r_D(i)$
16	1	0.14	−0.10	−0.07	−0.040
17	2	0.36	0.00	0.03	0.000
18	3	0.30	0.10	0.13	0.040
19	4	0.20	0.32	0.35	0.128
20	均值		0.080	0.110	0.032
21	方差		0.0185	0.0185	0.0030
22	标准差		0.1359	0.1359	0.0544
23	单元C21		=SUMPRODUCT($B$16:$B$19,C16:C19,C16:C19)−C20^2		
24	单元C22		=C21^0.5		

小写字母代表相对于均值的偏差

$$d(i)=r_D(i)-E(r_D)$$

$$e(i)=r_E(i)-E(r_E)$$

根据式（8.3.7）可将投资组合的方差表示为：

$$\sigma_p^2 = \sum_{i=1}^{n} p(i)[r_p - E(r_p)]^2 = \sum_{i=1}^{n} p(i)[w_D d(i) - w_E e(i)]^2$$

$$= \sum_{i=1}^{n} p(i)[w_D^2 d(i)^2 + w_E^2 e(i)]^2 + 2w_D w_E d(i)e(i)]$$

$$= w_D^2 \sum_{i=1}^{n} p(i)d(i)^2 + w_E^2 \sum_{i=1}^{n} p(i)e(i)^2 + 2w_D w_E \sum_{i=1}^{n} p(i)d(i)e(i)$$

$$= w_D^2 \sigma_D^2 + w_E^2 \sigma_E^2 + 2w_D w_E \sum_{i=1}^{n} p(i)d(i)e(i)$$

（8.3.8）

公式（8.3.8）表示一个投资组合的方差是各种投资组合的方差的加权之和（注意权重是各种投资组合权重的平方），加上下面将要提到的部分。

注意到 $d(i) \times e(i)$ 是两种资产收益在每种状态下相对于均值的偏差乘积，它的加权期望叫做协方差，表示为 $\mathrm{cov}(r_D, r_E)$，两个资产的协方差对投资组合方差有很大影响。

3. 协方差

两个变量的协方差等于

$$\mathrm{cov}(r_D, r_E) = E(d \times e) = E\{[r_D - E(r_D)][r_E - E(r_E)]\}$$

$$= E(r_D r_E) - E(r_D)E(r_E)$$

（8.3.9）

协方差是量化两个变量之间方差的一种很好的方法。可以通过一个例子简单地知道它的运用。

假设表 8.3.4 中给出的股票和债券有三种状态。状态 1，债券下降（负的偏差）而股票增加（正的偏差）。状态 3，债券增加但是股票下降。当比率朝相反地方向变化时，如这个例子中，偏差的乘积为负。相反，如果比率朝相同的方向发展，乘积的符号为正。乘积的大小表明某种状态中相反或正常的程度。加权平均值反映了变量在几种状态中协变的平均趋势。表格的最后一行，可以看到协方差是−80。

假设在某状态中股票的运动方向和债券的方向相同。具体来说，转换第一种状态和第三种状态中对股票的预测比率，使股票收益在第一状态中为−10%，在第三状态中为 30%。这样，在这两个状态中最终值仍然相等，但是符号为正，即协方差为正，为 80，反映了两个资产回报趋势相继变化。如果状态收益的水平发生变化，协方差的强度也会变化，通过偏差的乘积大小反映出来。协方差大小的变化反映了偏差的变化和协方差的强度。

表8.3.4 股票和债券的三种状态

	A	B	C	D	E	F	G	H
1		收益率			均偏差			
2	概率	债券	股票		债券	股票		偏差
3	0.25	-2	30		-8	20		-160
4	0.5	6	10		0	0		0
5	0.25	14	-10		8	-20		-160
6	均值：	6	10		0	0		-80

如果不存在共同运动，因为正的乘数刚好等于负的乘数，协方差为零。而且，其中一项资产是无风险的，它的协方差与任何风险资产的协方差都为零，因为它对均值的偏差为零。

如果通过式（8.3.9）的最后一行的方程利用 Excel 来计算协方差会变得很简单。第一部分 E$(r_D r_E)$ 可以通过 Excel 的 SUMPRODUCT 的功能来计算。例如，在表 8.3.4 中，SUMPRODUCT（A3:A5,B3:B5,C3:C5）表示乘以在每一种状态时债券收益概率次数和股票收益概率次数，然后累加。

注意：把每个比率加上 Δ 不会改变协方差，因为对均值的偏差仍然没有改变。但是如果对其中一个变量乘以一个固定的数，协方差将会随着这个数的变化而变化。两个变量都乘以一个数则等于协方差与这两个数的乘积

$$\text{cov}(w_D r_D, w_E r_E) = E\{[w_D r_D - w_D E(r_D)][w_E r_E - w_E E(r_E)]\} = w_D w_E \text{cov}(r_D, r_E) \quad (8.3.10)$$

在式（8.3.8）中实际上相当于加（两倍）上式在式（8.3.8）的最后一行的部分。所以，投资组合方差是每项资产方差的加权之和并加上协方差的两倍乘以（$w_E \times w_D$）。

像方差一样，协方差的单位也是平方项，但是开平方，因为协方差可能为负数，如表 8.3.4 所示，在这种情况下，可以用两个变量的标准差乘以两个变量的相关系数来表示协方差。

4. 相关系数

协方差除以变量标准差的乘积得到一个值叫做相关系数。相关系数的定义如下：

$$\text{corr}(r_D, r_E) = \frac{\text{cov}(r_D, r_E)}{\sigma_D \sigma_E} \quad (8.3.11)$$

相关系数的区间一定落在[-1,1]。这个结论可以通过下面的论证得到。怎样的两个变量会有最大程度的共同运动？逻辑上来说，变量自己与自己有最大程度的共同运动，下面来证明。

$$\text{cov}(r_D, r_E) = E\{[r_D - E(r_D)] \times [r_D - E(r_D)]\} = E[r_D - E(r_D)]^2 = \sigma_D^2$$
$$\text{corr}(r_D, r_D) = \frac{\text{cov}(r_D, r_D)}{\sigma_D \sigma_D} = \frac{\sigma_D^2}{\sigma_D^2} = 1 \quad (8.3.12)$$

相似地，相关系数（最小的负数）的最小值为-1。

相关系数一个最重要的特点是它不会因为变量增加和增倍而变化。假设负债的收益为r_D，将它乘以一个常数 w_D，然后再加上一个固定值 Δ。它与资本的关系没有受到影响：

$$\text{corr}(\Delta + w_D r_D, r_E) = \frac{\text{cov}(\Delta + w_D r_D, r_E)}{\sqrt{\text{Var}(\Delta + w_D r_D) \times \sigma_E}}$$
$$= \frac{\text{cov}(r_D, r_E)}{\sqrt{w_D^2 \sigma_D^2 \times \sigma_E}} = \frac{w_D \text{cov}(r_D, r_E)}{w_D \sigma_D \times \sigma_E} \quad (8.3.13)$$

因为相关系数对于收益率之间的关系给人以更加直观的感觉，所以有时候把协方差表示为相关系数的形式

$$\mathrm{cov}(r_D,r_E)=\sigma_D\sigma_E\mathrm{corr}(r_D,r_E) \qquad （8.3.14）$$

计算协方差和相关系数。表 8.3.5 列示了股票和证券的协方差和相关系数，运用附录中另一个例子中的状态分析法。协方差的计算运用式（8.3.9）。通过 SUMPRODUCT 功能得出 E$(r_D\times r_E)$ 如单元格 J22 所示，从中提出 $E(r_D)\times E(r_E)$(例如，J20×K20)。相关系数的计算见单元格 J23，等于协方差除以各项资产的标准偏差的乘积。

表 8.3.5　协方差和相关系数的计算

	H	I	J	K	L
13	表8B-5债券和股票状态分析				
14	状态	概率	状态收益率		
15			$r_D(i)$	$r_E(i)$	
16	1	0.14	−0.10	−0.35	
17	2	0.36	0.00	0.20	
18	3	0.30	0.10	0.45	
19	4	0.20	0.32	−0.19	
20	均值		0.08	0.12	
21	标准差		0.1359	0.2918	
22	协方差		−0.0034		
23	相关系数		−0.0847		
24	单元格J22		=SUMPRODUCT(I16:I19,J16:J19,K16:K19)−J20*K20		
25	单元格J23		=J22/（J21*K21）		

5．投资组合方差

见式（8.3.8）和式（8.3.10），两项资产组成的投资组合的方差是各项资产的方差乘以投资组合权重的平方之和，加上两项资产收益率的协方差和投资组合权重与偏差乘积的两倍：

$$\sigma_p^2 = w_D^2\sigma_D^2 + w_E^2\sigma_E^2 + 2w_Dw_E\,\mathrm{cov}(r_D,r_E) = w_D^2\sigma_D^2 + w_E^2\sigma_E^2 + 2w_Dw_E\sigma_D\sigma_E\mathrm{corr}(r_D,r_E) \qquad （8.3.15）$$

计算投资组合方差。投资组合方差的计算见表 8.3.6。在此计算投资组合标准偏差有两种方法：第一种方法是通过投资组合收益状态分析（见单元格 E35）；第二种方法是使用式（8.3.15）的第二行来计算投资组合的方差，即用相关系数来替代协方差进行计算。

表 8.3.6　投资组合方差的计算

	A	B	C	D	E	F	G
25							
26							
27	表8B-6　债券和股票状态分析						
28	状态	概率	状态收益率		投资组合收益		
29			$r_D(i)$	$r_E(i)$	$0.4*r_D(i)+0.6*r_E(i)$		
30	1	0.14	−0.10	−0.35	−0.2500		
31	2	0.36	0.00	0.20	0.1200		
32	3	0.30	0.10	0.45	0.3100		
33	4	0.20	0.32	−0.19	0.0140		
34	均值		0.08	0.12	0.1040		
35	标准差		0.1359	0.2918	0.1788		
36	协方差		−0.0034		SD:0.1788		
37	相关系数		−0.0847				
38	单元格E35		=(SUMPRODUCT(B30:B33,E30:E33,E30:E33)−E34^2)^0.5				
39	单元格E36		=((0.4*C35)^2+(0.6*D35)^2+2*0.4*0.6*C36)^0.5				

假设其中一项资产 E 被一种货币市场工具——一种无风险资产所替代。E 的方差则为零，同时 D 的协方差也为零。在那种情况下，如式（8.3.15）所示，投资组合的标准差等于 $w_D\sigma_D$。换

句话说，当把风险投资组合与无风险资产组合，投资组合的标准偏差就等于风险投资组合的标准偏差乘以其权重。

8.3.2 国际化投资组合的计算

有很多软件包可以用来计算有效边界，本实验使用 Excel 计算有效边界。Excel 远非最好的工具，它受到要处理的资产数量的限制，但它通过简单的资产组合优化工具能说明许多复杂软件包的机理，用 Excel 计算有效边界相当简单。

运用马科维茨投资组合优化程序来实际说明国际化分散化投资。假设投资经理为美国客户服务，他在 2006 年想要投资下一年度的风险资产组合，包括美国大公司股票和六个发达国家资本市场：日本、德国、英国、法国、加拿大和澳大利亚。下面为解决这一问题的方法。

1. 协方差矩阵

为获得最近的风险参数，经理整理了 2001—2005 年最近 60 个月月均收益率和同一时期的短期国库券利率。

超额收益率的标准差显示在表 8.3A.1（C 列）中。范围从 14.95%（美国大公司股票）至 22.7%（德国）。为观察这些参数怎样随时间变化，1991—2000 年的标准差显示在 B 列中。而且，计算出上述两个时期六个国外市场上的大公司股票与美国大公司股票的相关系数。这里可以看出，与全球化的趋势一致，近一时期来这种相关性越来越高。

表 8.3A.1 运用电子表格模型进行国际化分散投资

	A	B	C	D	E	F	G	H
1								
2								
3	8A.1 国家指数和风险溢价预测							
4	国家	标准差		与美国的相关系数		平均超额收益		预测
5		1991～2000年	2001～2005年	1991～2000年	2001～2005年	1991～2000年	2001～2005年	2006年
6	美国	0.1295	0.1495	1	1	0.118	-0.0148	0.06
7	英国	0.1466	0.1493	0.64	0.83	0.0536	0.0094	0.053
8	法国	0.1741	0.2008	0.54	0.83	0.0837	0.0247	0.07
9	德国	0.1538	0.227	0.53	0.85	0.0473	0.0209	0.08
10	澳大利亚	0.1808	0.1617	0.52	0.81	0.0468	0.1225	0.058
11	日本	0.2432	0.1878	0.41	0.43	-0.0177	0.0398	0.045
12	加拿大	0.1687	0.1727	0.72	0.79	0.0727	0.1009	0.059

协方差矩阵显示在表 8.3A.2 中，它是通过使用 Excel 中的"工具栏"菜单中的"Data Analysis"对话框中的 COVARIANCE 功能，来实现对 7 个国家的 60 种收益形成的排列。由于 Excel 软件的缺陷，协方差矩阵不能准确统计预测，因此，矩阵的每个元素的估计偏差为 60/59 的倍数。

上述单元格计算过程如下：

步骤一：设定投资组合中各个国家的权重，A18=1，同时 A19-A24 都为 0。C16-I16 分别与 A18-A24 对应相等。A25 为各个国家权重之和，即 A25=SUM(A18: A24)=1。

步骤二：计算 C25-I25 单元格的值。每一单元格累积同列上单元格的组合方差的贡献。即 C25 =C16*SUMPRODUCT($ A $ 18: $ A $ 24, C18: C24)，依次类推。

表 8.3A.2　组合权重的选择及组合收益、方差的计算

	A	B	C	D	E	F	G	H	I
13									
14									
15	8A.2		边界协方差矩阵						
16	组合权重		1	0	0	0	0	0	0
17			美国	英国	法国	德国	澳大利亚	日本	加拿大
18	1	美国	0.0224	0.0184	0.025	0.0288	0.0195	0.0121	0.0205
19	0	英国	0.0184	0.0223	0.0275	0.0299	0.0204	0.0124	0.0206
20	0	法国	0.025	0.0275	0.0403	0.0438	0.0259	0.0177	0.0273
21	0	德国	0.0288	0.0299	0.0438	0.0515	0.0301	0.0183	0.0305
22	0	澳大利亚	0.0195	0.0204	0.0259	0.0301	0.0261	0.0147	0.0234
23	0	日本	0.0121	0.0124	0.0177	0.0183	0.0147	0.0353	0.0158
24	0	加拿大	0.0205	0.0206	0.0273	0.0305	0.0234	0.0158	0.0298
25	1		0.0224	0	0	0	0	0	0
26	0.0600 Mean								
27	0.1495 SD								
28	0.4013 Slope								
29									
30	Cell A18-A24		A18is set arbitrarily to 1 while A 19 to A24 are set to 0						
31	Formula in cell C16		=A18 … Formula in cell I16　=A24						
32	Formula in cell A25		=SUM(A18: A24)						
33	Formula in cell C25		=C16*SUMPRODUCT($ A $ 18: $ A $ 24, C18: C24)						
34	Formula in cell D25-I25　Copied from C25(note the absolute addresses)								
35	Formula in cell A26		=SUMPRODUCT($ A $ 18: $ A $ 24, H6: H12)						
36	Formula in cell A27		=SUM(C25: I25)^0.5						
37	Formula in cell A28		=A26/A27						
38									

步骤三：计算单元格 A26——投资组合的期望收益率。即 A26=SUMPRODUCT($ A $ 18: $ A $ 24, H6: H12)。

步骤四：计算单元格 A27——投资组合的总方差。即 A27=SUM(C25: I25)^0.5。

步骤五：计算单元格 A28——投资组合的夏普值（资本配置线的斜率）。即 A28=A26/A27。

2. 期望收益率

由超额收益率估计风险参数（协方差矩阵）是一项简单的技术工作，而估计风险溢价（期望超额收益）则是一件麻烦的工作。在前面讨论过，估计期望收益使用历史数据是不可靠的。例如，正如列 F 和列 G 显示的，在 2001 年至 2005 年（单元格 G6）美国大公司股票平均期望收益为负，更一般地，1991~2000 年与 2001~2005 年两个时期的平均收益差距很大。

在这一例子中，只将经理预测的未来收益描述在列 H。

3. 边界协方差矩阵和组合方差

表 8.3A.2 的协方差矩阵的旁边是组合权重，其值在协方差矩阵的左边，单元格 A1~A24，由优化程序选出。现在，任意对美国输入 1.0，对其他国家输入 0。位于协方差矩阵上方的 A16~I16 单元格中的值必须等于左边列中的权重，以使它们随列权重的改变而改变，列权重的改变由 Excel Solver 来控制。单元格 A25 加上列权重并用来使优化程序控制组合权重为 1.0。

位于协方差矩阵下方的单元格 C25~I25，用于计算任意设置的权重的组合方差。每一单元格累积同列上单元格的组合方差的贡献，可用函数 SUMPRODUCT 的功能完成这一任务。例如，33 行显示了运用公式得到单元格 C25 中的值。

表 8.3A.3 的方框中是风险溢价的约束值。

表 8.3A.3　有效边界组合

	A	B	C	D	E	F	G	H	I	J	K	L
39			8A.3	有效边界								
40					0.0400							
41	单元格里是风险溢价的约束值											
42												
43			Min Var					最优				
44	Mean		0.0383	0.04	0.045	0.05	0.055	0.0564	0.0575	0.06	0.07	0.08
45	SD	0.1	0.1132	0.1135	0.1168	0.1238	0.134	0.1374	0.1401	0.1466	0.1771	0.2119
46	Slope		0.3386	0.3525	0.3853	0.4037	0.4104	0.4107	0.4106	0.4092	0.3953	0.3774
47	美国		0.6112	0.6195	0.6446	0.6696	0.6947	0.7018	0.7073	0.7198	0.7699	0.8201
48	英国		0.8778	0.8083	0.5992	0.39	0.1809	0.1214	0.0758	-0.028	-0.447	-0.865
49	法国		-0.214	-0.2029	-0.1693	-0.136	-0.102	-0.093	-0.085	-0.069	-0.001	0.0658
50	德国		-0.5097	-0.461	-0.3144	-0.168	-0.021	0.0205	0.0524	0.1253	0.4185	0.7117
51	澳大利亚		0.0695	0.0748	0.0907	0.1067	0.1226	0.1271	0.1306	0.1385	0.1704	0.2023
52	日本		0.2055	0.1987	0.1781	0.1575	0.1369	0.1311	0.1266	0.1164	0.0752	0.0341
53	加拿大		-0.0402	-0.0374	-0.0288	-0.02	-0.012	-0.009	-0.008	-0.003	0.0139	0.0309
54	CAL*	0.0411	0.0465	0.0466	0.048	0.0509	0.055	0.0564	0.0575	0.0602	0.0727	0.0871
55	*Risk premium on CAL=SD*slope of potimal risky portfolio											

最后，协方差矩阵下方的左边列 A26~A28 显示了从边界协方差矩阵计算得出的投资组合统计。A26 是投资组合风险溢价，其公式在 35 行，为投资组合权重乘上表 8.3A.1 预测列（H6~H12）。下面的单元格 A27 为投资组合标准差。方差由边界协方差矩下方的单元格 C25~I25 之和开平方得出。最后一个统计在 A28 中，为投资组合的夏普比值，也就是 CAL（资本配置线）的斜率，资本配置线穿过由列权重所组成的投资组合（A28 的值等于 A26 除以 A27）。最优的风险组合会使夏普比值最大。

4. 运用 Excel Solver

Excel 的 Solver[⑩]是一个界面友好、功能强大的优化问题计算工具。它有三部分：目标函数、决策变量和约束条件。图 8.3A.1 展示了 Solver 的三张图片。现在的讨论涉及图 8.3A.1a。

图 8.3A.1a　Excel Solver 界面（1）

上面的对话框中要求你选择目标函数的目标单元格，也就是你想要优化的变量。在图 8.3A.1a 中，目标单元格是 A27，投资组合的标准差。目标单元格下面，可以选择目标，最大化、最小化或设置你的目标函数等于特定的值。这里选择最小化投资组合标准差。

接下来的对话框包含决策变量。Solver 能改变这些单元以最优化目标单元格中的目标函数。在此，输入单元格 A18~A24，选择投资组合的权重来使组合波动最小。

Solver 底部的对话框包括一些约束条件。投资组合优化中必须满足的一条是"可行性约束"，也即投资组合权重值和为 1.0。进入约束条件框中，设定 A25（权重之和）为 1.0。

通过规划求解过程如图 8.3A.1a，可以得出最小方差组合，即表 8.3A.3 中 C 列。通过规划求解过程如图 8.3A.1c，可以得出有效前沿上最优组合，即表 8.3A.3 中 H 列。通过规划求解过程如 8.3A.1b，可以得出表 8.3A.3 中其他列。

---

⑩ Solver 的中文名称为规划求解，在 excel 数据选项中；如果没有，从 excel 选项中添加。

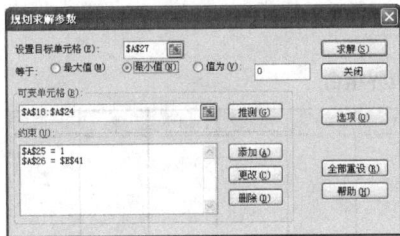

图 8.3A.1b　Excel Solver 界面（2）

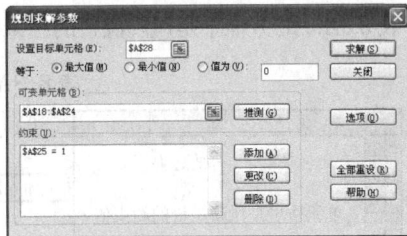

图 8.3A.1c　Excel Solver 界面（3）

5．找出最小的方差组合

开始就确认全局最小方差组合（G）是有效的。这样就提供了部分有效前沿的起点。一旦你如图 8.3A.1a 所示输入了目标单元格、决策变量单元格和可行性约束条件，就可以单击"Solve"，Solver 就能得出 G 组合。复制组合统计数字和权重到输出表 8.3A.3。表 8.3A.3 中的 C 列显示出由输入得出的最小标准差（SD）是 11.32%。注意组合 G 的 SD 明显低于最低的单一指数 SD。通过组合 G 的风险溢价（3.83%），开始用更大的风险溢价建立有效前沿。

6．画出风险组合的有效前沿

决定所需的风险溢价（指向有效前沿），进而使用这一风险溢价来画出有效前沿图形。在组合 G 的边界上多取些点是有益的，因为前沿在这一区域曲率最大。从输入中选取值最大的点的风险溢价是有效的（这里为 8% 德国）。通过以下方法你能找到所有有效前沿。

（1）在 Solver 输入约束条件如下：A26（组合风险溢价）必须等于 E41 中的值，如图 8.3A.1b 所示。E41 用于改变所需的风险溢价和产生不同的前沿上不同的点。

（2）对于前沿上其余点，可以通过在 E41 中输入不同的风险溢价来获取，要求 Solver 再次运算得到。

（3）复制 Solver 每次在（2）中给你的解答得到表 8.3A.3，表中集合了有效前沿上的点。下一步，改变 E41 重复第二步。

7．找出有效前沿上的最优风险组合

既然已找到了有效前沿，将寻找最大夏普比值的组合（如报酬—风险比率）。这一有效前沿组合是资本配置线的切率。为了找到它，只需改变 Solver 中的两项。第一，更改 A27～A28 目标单元格的值、组合的夏普比率，并使这一单元格中值最大。接着，解除上次你使用 Solver 设定的风险溢价的约束条件。这时，Solver 操作如图 8.3A.1c 所示。

现在 Solver 得出了最优风险组合。复制最优风险组合的统计数据和它们的权重至表 8.3A.3。为了得到一张清晰的图，将优化组合列放入表 8.3A.3，以使表中所有组合的风险溢价从组合 G 的 3.83% 稳定增长至 8%。

以 C45～I45 中数据（水平或 X 轴为标准差）和 C44～I44 中数据（垂直或 Y 轴为组合风险溢价）做出有效前沿。这一结果见图 7A.2。

8．最优的资本配置线

在图 8.3A.2 有效前沿图中添加已确认的最优风险组合的资本配置线是很有指导意义的。这一资本配置线的斜率与最优风险组合夏普比率相等。因此，在表 8.3A.3 的下面加了一行，单元格内输入每一列的投资组合的标准差与单元格 H46 中的最优风险组合夏普比率的乘积。

这就得到了沿着资本配置线有效前沿的每一个投资组合的风险溢价。接着又在图中加入一组数据，以单元格中 B45～I45 中的标准差为 X 轴，而 B54～I54 中的元素作为 Y 轴。资本配置线如图 8.3A.2 所示。

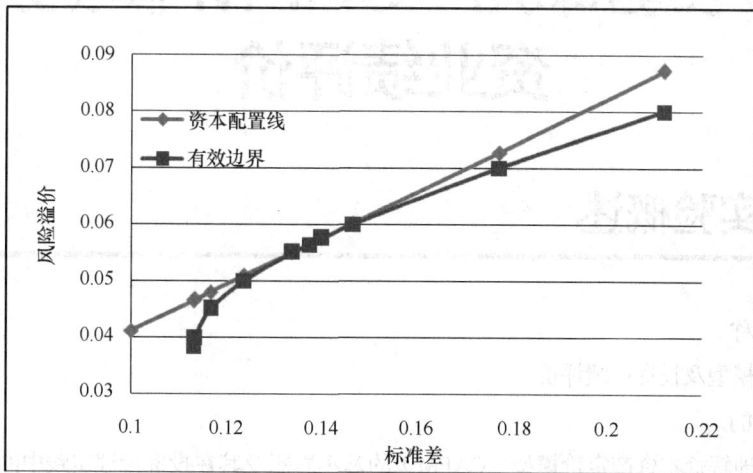

图 8.3A.2　有效边界和国家股票指数的资本配置线

9. 最优风险组合和卖空约束

借助于投资组合管理者所使用的输入表，最优风险投资组合要求持有法国和加拿大的股票的空头头寸（如表 8.3A.3 的列 H 所示）。在许多情况下，投资组合管理者被禁止持有空头头寸。如果是这样的话，需要修正投资计划以防止卖空。

为了完成这个任务，重复这个练习，但是做了一下改变。加入了下面的约束条件：在投资组合所有列中的元素，A18～A24，必须大于或等于零。你可以在你的工作表中尝试找出有卖空约束的有效前沿。限制前沿曲线如图 8.3A.2 所示。

8.4　思考与练习

1. 根据投资学中期望值和方差计算原理，采集你所关注的股票和市场整体的交易数据资料，整理并计算出该上市公司收益率的期望值和方差。

2. 投资组合的期望收益率是个别股票期望收益率的加权平均值。试问组合风险（方差）是否也是个别股票风险的加权平均值？

3. 为什么大多数金融资产都呈不完全正相关关系？试分别举一个资产收益高度正相关和高度负相关的例子。

4. 假设两种资产正好有完全负相关相关系数。它们的风险（标准差）分别为 0.07 和 0.06。试问如何建立一个无风险组合。

5. 甲乙两种不同投资基金的标准差风别为 8% 和 20%。其收益率相关系数为 0.40。你是否能将甲乙共同基金合并组成更低投资组合。

第 9 实验单元 CAPM 模型及投资业绩评价

9.1 实验概述

◆ **实验名称**
CAPM 模型及投资业绩评价

◆ **实验目的**
进一步理解资本资产定价模型（CAPM）的基本思想及其在投资管理实践中的应用。理解并掌握投资组合业绩测度指标，并据此对市场上的投资基金的管理业绩进行排序，指导投资实践活动。

◆ **实验工具**
东方财富通、同花顺、大智慧和通达信等证券行情分析软件。
Excel 数据处理分析软件。

9.2 实验理论基础

9.2.1 CAPM 模型

1. CAPM 模型的前提假设

下面给出的是 CAPM 模型的若干基本假定，这些基本假设的核心是尽量使个人投资行为相同化，不同的只是投资者初始财富和风险厌恶程度。投资者相同的投资行为会使分析大为简化。这些假定有：

（1）存在着大量投资者，每个投资者的财富相对于所有投资者的财富总和来说是微不足道的。投资者是价格的接受者，单个投资者的交易行为对证券价格不发生影响。这与微观经济学中对完全竞争市场的假定相同。

（2）所有投资者都在同一证券持有期内计划自己的投资。这种行为忽略了在持有期结束后可能发生的事件。

（3）投资者投资范围仅限于公开金融市场上交易的资产，如股票、债券等，并假定投资者可以在固定的无风险利率基础上借入或贷出任何额度的资产。

（4）不存在证券交易费用及税赋。如实际交易中支付的佣金与印花税，以及利息税、红利税等。

（5）所有投资人均是理性的，追求资产组合的收益最大化与方差最小化，这意味着他们都采用马克维茨的投资组合选择模型。

（6）所有投资者对证券的评价和经济局势的看法都一致。这样，投资者关于证券收益率的概率分布预期是一致的。依据马克维茨模型，给定一系列证券的价格和无风险利率，所有投资者的证券收益的期望收益率与协方差矩阵相等，从而产生了有效率边界和一个独一无二的最优风险资产组合。这一假定也被称为同质期望。

2．CAPM 模型的基本结论

显然，以上这些假定条件是相当严格的。提出如此严格的假定条件，是为了高度简化现实中碰到的问题，以把握问题的精髓。下面详细阐述一系列由假定的有价证券和投资者组成的世界所普遍通行的均衡关系的含义。

（1）所有投资者将按照包括所有可交易资产的市场组合来按比例地复制自己的风险资产组合。为了简化起见，将风险资产特定为股票。每只股票在市场组合中所占的比例等于这只股票的市值（每股价格乘以股票流通在外的股数）占所有股票市值的比例。

（2）市场组合不仅在有效率边界上，而且市场组合也相切于最优资本配置线，资本市场线也是可能达到的最优资本配置线。所有的投资者选择持有市场组合作为他们的最优风险资产组合，投资者之间的差别只体现在投资于最优风险资产组合与无风险资产的比例不同。

（3）市场组合的风险溢价与市场风险和个人投资者的风险厌恶程度成比例。数学上可以表述为：

$$E(r_M) - r_f = \bar{A}\sigma_M^2 \times 0.01 \qquad (9.2.1)$$

式中，σ_M^2 为市场组合的方差；$\bar{A}$ 为投资者风险厌恶的平均水平。由于市场组合是最优资产组合，即风险有效地分散于资产组合中的所有股票，σ_M^2 也就是这个市场的系统风险。

（4）单个资产的风险溢价与市场组合 M 的风险溢价是呈比例的，与其贝塔系数（β）也成比例。贝塔（β）是用来测度一支股票与市场一起变动的情况下股票收益变动的程度。贝塔的正式定义如下：

$$\beta_i = \frac{\text{cov}(r_i, r_M)}{\sigma_M^2}$$

单个证券的风险溢价等于

$$
\begin{aligned}
E(r_i) - r_f &= \frac{\text{cov}(r_i, r_M)}{\sigma_M^2}(E(r_M) - r_f) \\
&= \beta_i(E(r_M) - r_f)
\end{aligned}
\qquad (9.2.2)
$$

3．CAPM 模型的经济学含义

当存在市场组合时，单个资产的收益率与其系统风险存在着线性关系。单个资产的风险包括两部分：一部分为系统风险，即市场组合 M 收益变动而使资产 A 收益发生的变动，即 β 值；另一部分为非系统风险，即资产 A 本身的风险。单个资产的价格只与该资产的系统风险大小有关，与非系统风险无关。只有承担系统风险才会有收益，承担非系统风险则没有收益。

如果一个股票的 β 值大于 1，则这种股票被称为进取型股票，也就是说该股票的收益率的变化大于市场组合收益率的变化。例如，某只股票的 β 值为 1.2，意味着若市场组合的超额收益率为 10%，那么该股票的超额收益为 12%。如果一只股票的 β 值小于 1，则这种股票被称为防守型股票，即该股票的收益率的变化小于市场组合收益率的变化。

在现实中投资者很难持有市场组合，CAPM 模型中的许多前提条件亦难以满足，但是这个模型仍然具有实际的价值和意义。通过投资合理分散的资产组合可以消除企业特有的非系统风险，这样，投资者所面临的主要是系统风险。投资者的资产组合尽管不是市场组合，但是只要他持有的资产组合是合理分散的，他的资产组合同市场组合之间仍然会有很好的一致性，其资产组合的贝塔值和市场的贝塔值仍然是一个有效的风险测度尺度。

9.2.2 证券投资基金业绩评价

个人投资者在现有的各种投资组合中选择一个或者几个作为投资对象时，总要先比较各种组合以往的投资业绩，分析投资业绩来自运气还是经营水平，预测投资业绩的变动趋势。这些正是投资组合业绩评估的主要内容。

1. 单因素整体业绩评价模型

证券投资收益与风险之间的关系是正向的。有些投资组合表现似乎良好，但是它的风险也比其他组合更高。因此，简单地将投资收益相比是不科学的。至少必须在对收益进行风险调整后，才能做出初步结论。另外，任何评价都只是相对的，都会有一个参照物。投资组合的业绩评价最主要目的是评价相比基准而言的投资表现，因而应该首先选择适当的基准的投资组合作为参照体系，据此再来进行业绩评价。

马克维茨的均值-方差理论以及夏普的 CAPM 模型的出现，为较为精确地评估投资组合的业绩提供了基准。但是这一模型涉及计算所有资产的协方差矩阵。而当面对上百种可选择的资产，模型本身的复杂性也就制约了实际应用。杰克·特雷纳（Jack Treynor，1965）、威廉·夏普（1966）以及詹森（1968）基于 CAPM 模型，各自提出具有深远影响的业绩评价模型，从根本上简化了投资组合整体绩效评价的复杂性。基于它们均是以 CAMP 模型为基础，因此，被统称为单因素整体业绩评价模型。

（1）特雷纳指数评估模型。

特雷纳指标（测度）（Treynor's measure）是以单位系统风险收益作为基金绩效评估指标的，他利用美国 1953～1962 年间 20 个投资基金（含共同基金、信托基金与退休基金）的年收益率资料作为研究样本，进行基金绩效评估的实证分析，其计算公式为：

$$T_P = \frac{r_p - r_f}{\beta_p} \qquad (9.2.3)$$

式中，T_P 为特雷纳绩效指标，r_p 为该投资组合在样本期内的平均收益，r_f 为该时期的无风险利率，β_p 为该投资组合在样本期内的系统风险。

特雷纳指数表示的是该投资组合承受每单位系统风险所获取风险收益的大小，其评估方法是首先计算样本期内各种基金和市场的特雷纳指数，然后进行比较，较大的特雷纳指数意味着较好的绩效。如果进行足够分散化的组合，那么，应该不存在非系统的异质性风险。事实上，很多投资组合并没有能够或者就没有计划分散这种原则上可以通过分散化投资抵销的风险，可见，特雷纳指标的局限性是比较直观的，它隐含了非系统风险已全部被消除的假设，度量了单位系统风险的收益。因此，它能反映投资组合经理的市场调整能力，但不能评估经理人分散和降低非系统风险的能力。如果非系统风险没有全部消除，则特雷纳指数可能给出错误信息。

由于市场指数的 β 值为 1，因此，市场指数的特雷纳指标为：

$$T_M = r_M - r_f$$

资产组合 P 的平均超额收益为：

$$r_p - r_f = \alpha_p + \beta_p(r_M - r_f)$$

因此，投资组合 P 的特雷纳指标测度即为：

$$T_P = \frac{r_p - r_f}{\beta_p} = \frac{\alpha_p + \beta_p(r_M - r_f)}{\beta_p} = \frac{\alpha_p}{\beta_p} + (r_M - r_f) = \frac{\alpha_P}{\beta_p} + T_M \qquad (9.2.4)$$

公式（9.2.5）是特雷纳指标的另一种表示法。式中的第二项对所有参与比较的投资组合都是一样的，影响投资业绩优劣的仅仅是第一项 α_p/β_p，即资产组合每单位系统性风险所具有的超额收益率。这正是特雷纳指标的实践意义。

（2）夏普指数评估模型。

夏普指数（Sharpe's measure）是用资产组合的长期平均超额收益（相对于无风险利益）除以这个时期该资产组合的收益的标准差。夏普利用美国 1954～1963 年间 34 只开放式基金的年收益率资料进行了绩效的实证研究，计算公式为：

$$S_P = \frac{r_p - r_f}{\sigma_P} \qquad (9.2.5)$$

式中，S_P 为夏普绩效指标，σ_P 为投资基金组合 P 收益率的标准差，反映基金投资组合所承担的总风险，包括系统风险和非系统风险。当采用夏普指数评估模型时，首先要计算市场上各种组合在样本期内的夏普指数，然后进行比较，较大的夏普指数表示较好的绩效。不难理解，夏普指数衡量的是该投资组合每单位总风险所带来的收益。下面说明夏普指数的实践含义。

令 σ_{ps} 表示证券组合 P 的系统性风险，由 Beta 系数的定义知：

$$\beta_P = \frac{\sigma_{ps}}{\sigma_m}$$

对于资产组合 P 而言，有：

$$S_P = \frac{r_p - r_f}{\sigma_p} = \frac{\alpha_p + \beta_p(r_M - r_f)}{\sigma_p} = \frac{\alpha_P}{\sigma_M} + \frac{(r_M - r_f)}{\sigma_m} \cdot \frac{\sigma_{ps}}{\sigma_P} \qquad (9.2.6)$$

式中第二项的 $(r_M - r_f)/\sigma_m$ 对所有的资产组合都一样，它是资本市场线的斜率，表示每单位系统性风险应得到的收益率补偿。第二项中的 σ_{ps}/σ_m 则表示资产组合系统性风险占总风险的比例。在理想的状态下，非系统性风险完全被分散掉，σ_{ps}/σ_P 达到最大值 1。因此，夏普指数评价投资业绩的依据是资产组合中每单位总风险所具有的超额收益率和系统性风险要求的收益率补偿。

夏普指数和特雷纳指数一样，能够反映投资管理经理人的市场调整能力。此外，由于夏普指数同时考虑了系统风险和非系统风险，即总风险，它还能够反映经理人分散和降低非系统风险的能力。如果证券投资组合已完全分散了非系统风险，那么夏普指数和特雷纳指数的评估结果应该近似于相同。如果证券投资组合分散非系统风险水平较低，那么采用夏普指数的评价值比较低，采用特雷纳指数的评价值则比较高。

由于夏普指数和特雷纳指数所提供的关于基金业绩的信息不同，业绩比较时可能产生很大的差异。例如，利用夏普指数衡量投资组合 A 比投资组合 B 好，而利用特雷纳指数，则结论是投资组合 B 比 A 好。那么，个人投资者如何选择较好的基金呢？最终的结果要取决于投资者对风险度量的概念。因为，当投资者所要评价的投资组合构成了该投资者在某特定资产类别中的主要甚至是全部投资时，非系统风险一般不能得到充分分散。这种情况下，要用全部风险来对其收益进行调整，即用投资组合收益的标准差来衡量风险是较为适当的；而当所要评估的投资组合仅仅构成该投资者在特定资产类别内投资的较小一部分时，可以认为非系统风险已被充分分散了，所面临的主要是系统风险。在这种情况下，用该组合的 β 值度量风险就更为恰当。

（3）詹森指数评估模型。

詹森测度（Jensen's measure）是建立在 CAPM 模型基础上的。詹森利用美国 1945～1964 年间 115 个基金的年收益率资料以及标准普尔 500 指数计算的市场收益率进行了实证研究。计算公式为：

$$J_P = \alpha_p - [r_f + \beta_p(r_M - r_f)] \tag{9.2.7}$$

式中，J_P 为詹森绩效指标，r_M 为市场投资组合（或者基准投资组合）在某一时期的收益率。詹森指数为绝对绩效指标，评价投资业绩的依据是资产组合的超额收益率。由于市场组合的詹森指数恒等于零，因此当其值大于零时，表示该投资组合的绩效优于市场投资组合绩效。当投资组合之间进行业绩比较时，詹森指数越大越好。

詹森模型奠定了投资组合绩效评估的理论基础，也是至今为止使用最广泛的模型之一。但是，用詹森指数评估投资组合整体绩效时同样隐含了一个假设，即投资组合的非系统风险已通过投资组合彻底地分散掉，因此，该模型只反映了收益率和系统风险因子之间的关系。如果投资组合并没有完全消去非系统风险，则詹森指数可能给出错误信息。例如，A、B 两种投资组合具有相同的平均收益率和系统风险，但组合 A 的非系统风险高于组合 B。按照詹森指数来评估，两种投资组合绩效相同。但实际上，组合 A 承担了较多的非系统风险，因而 A 组合的经理人分散风险的能力弱于 B 组合的经理人，组合 A 的绩效应该劣于组合 B。由于该模型只反映了收益率和系统风险的关系，因而投资组合经理的市场判断能力的存在就会使 β 值呈时变性，使投资组合绩效和市场投资组合绩效之间存在非线性关系，从而导致詹森模型评估存在统计上的偏差。

总之，夏普指数与特雷纳指数均为相对绩效度量方法，而詹森指数是一种在风险调整基础上的绝对绩效度量方法，表示在完全的风险水平情况下，投资组合经理人对证券价格的准确判断能力。特雷纳指数和詹森指数在对投资组合绩效评估时，均以 β 系数来测定风险，忽略了投资组合中所含证券的数目（即投资组合的广度），只考虑获得超额收益的大小（即投资组合的深度）。另外，当投资组合的 β 系数处于不断变化的过程中时，詹森的 α 系数和特雷纳比率都无法恰当地评价投资组合的表现。而在衡量投资组合的绩效时，投资组合的广度和深度都必须同时考虑。因此，比较而言，夏普指数模型和特雷纳指数模型对投资组合绩效的评估较具客观性，詹森指数模型用来衡量投资组合实际收益的差异较好。

（4）估价比率。

估价比率（Appraisal ratio）建立在 CAPM 模型基础上，是一种与詹森指数密切相关的评价指标，由 Treynor 和 Black（1973）提出。

在一段时期内使用股票选择或使用其他技术所增加的回报率都会具有波动性，这些波动性表明了存在于投资管理行为中的风险。对于与股票选择相联系的风险，称为残值风险（亦称跟踪误差或残差）。在投资组合管理中，总是期望在增加投资组合价值增量 α_p 的同时尽可能地减少残值风险。当残值风险较低时，可以以较大的置信度相信 α_p 值是稳定的；而残值风险较高的时候，投资组合的价值增量 α_p 就会有更大的不确定性。为了提高对业绩度量的置信度，应该使价值增量 α_p 与所面临的残值风险的比率达到最大，这一比率称为估价比率（appraisal ratio）或者信息比率（information ratio）。其计算方法为：

$$APR = \frac{\alpha_P}{\sigma_e} = \frac{投资组合价值增量}{残值风险（跟踪误差）} \qquad (9.2.8)$$

式中，APR 为估价比率，α_p 为詹森绩效指标，即投资组合的价值增量，σ_e 为资产组合残差的标准差，即非系统风险测度。不难理解，估价比率等于用 CAPM 测度的投资组合的超额收益率除以非系统风险，衡量的是每单位非系统风险所带来的超额收益率。

坎诺和科拉杰克（Connor and Korajczyk, 1986）对此进行了实证研究，证明根据该比率对投资组合业绩进行排序的稳定性较高，因此适于预测投资组合的未来相对表现。但是，这一结论的成立是建立在一系列假设的基础上的，包括市场无法预测、收益率服从多元正态分布、所有投资组合经理人的效用函数都是指数型的、所有投资组合持有的所有投资资产都是可交易的等。由于这些约束条件比较严格，因此这一比率在进行投资组合排序时实用性不强。此外，当投资组合经理具有时机选择能力而不断调整组合时，估价比率也会出现失效的情况。

（5）M^2 测度指标

业绩的 M^2 测度指标是由摩根斯坦利公司的利厄·莫迪利亚尼（Leah Modigliani）及其祖父，诺贝尔经济学奖得主佛朗哥·莫迪利亚尼（Franco Modigliani）对夏普测度进行改进后引入的，其目的是纠正投资者只考虑投资组合原始业绩的倾向，鼓励他们应同时注意投资组合业绩中的风险因素，从而帮助投资者挑选出能带来真正最佳业绩的投资组合。与夏普指标类似，M^2 测度指标也把全部风险作为风险的度量，反映的是资产组合同相应的无风险资产混合以达到同市场组合具有同样的风险水平时，混合组合的收益高出市场收益的大小。其计算方法为：

$$M^2 = r_p{}^* - r_M \qquad (9.2.9)$$

式中，p^* 为一构造的组合，构造方法如下：假设有一个投资组合，当把一定量的无风险资产（比如短期国债）头寸加入其中后，这个经过调整的资产组合风险就可以与市场指数的风险相等。例如，某个投资组合 P 原先的标准差为市场指数的 2 倍，那么经过调整后的资产组合应该包括 1/2 的投资组合 P 和 1/2 的无风险资产。把经过调整的资产组合称为 p^*。

很显然，该测度数值越大，投资组合业绩相对越好。由于调整后的组合和市场指数的标准差相等，即风险相当，因此，只要比较它们之间的收益率就可以来考察他们的业绩了。因此，同夏普指数相比，其经济解释更为直观。

2．多因素整体业绩评估模型

如前所述，单因素模型都是建立在 CAPM 资产定价模型基础之上的，只考虑了市场因素下的经风险调整的收益，无法解释按照市盈率（P/E）、股票市值、账面价值比市场价值（BE/ME）以及过去的收益等股票特征进行分类的投资组合的收益之间的差异。APT 理论的诞生，大大推动了理论界对投资组合业绩表现研究的深入发展。一些学者提出了以 APT 模型为基础的多因素整体业绩评估模型。

Lehman 和 Modest（1987）认为影响证券收益的因素包括市场平均指数收益、股票规模、公司的账面价值比市场价值（BE/ME）、市盈率（P/E）、公司前期的销售增长等。法马（1993）和 French（1996）在 CAPM 模型的基础上，认为影响证券收益的因素除了上述因素外，还应包括按照行业特征分类的普通股组合收益、小盘股收益与大盘股收益之差（SMB）、高账面价值比市场价值的收益与低账面价值比市场价值的收益之差（HML）等因素，并将其引入绩效评估模型。Carhart（1997）在以上因素的基础上，引入了基金所持股票收益的动能效应（momentum effect），从而讨论了投资组合表现的持续性问题。

3．市场时机选择的业绩评估模型

以市场时机选择为基础的投资管理方法是：不断调整有风险资产与无风险资产之间的组合比例。也就是说，投资组合管理人在预期市场将处于牛市行情时就采取更加进取的投资策略，将更多的资金投资于风险资产，而预期处于熊市的情况下则将更多资产投资于无风险资产。由于单因素模型无条件地采用投资组合的历史收益来估计期望的绩效，因此，它们并未考虑投资组合期望收益和风险的时变性。而实际上，如果投资组合经理人具有市场择能力，它会主动地改变组合的风险以适应市场的变化并谋求高额的收益；资本资产的价值本身也可能随时间的变化而变化，这些原因都会使 β 值呈现时变性。为此，学者们提出不同的回归模型来检验组合 β 值变动的有效性。其中，最为典型的是如下三个模型：Treynor 和 Mazuy（1966）提出的 T–M 模型；Henriksson 和 Merton（1981）提出的 H–M 模型；Chang 和 Lewellen（1984）提出的 C–L 模型。

9.3　实验内容

9.3.1　股票β值计算

实践中经常用证券超额收益对市场指数超额收益的回归来计算股票的β值。回归计算结果有许多资料来源，其中一个被广泛应用的来源就是美林公司的计算机服务研究部出版的月刊《证券风险评估》（Security Risk Evaluation），一般称为"手册"。《证券风险评估》利用标准普尔５００指数作为市场资产组合的替代。它依靠最近 60 个月每月的观测值来计算回归参数。美林和大多数服务机构利用总收益而不是超额收益（与短期国库券利率的差）来做回

归。它们用这一方法估计了指数模型的一个变形[11]，即用

$$r = \alpha + \beta r_M + e*$$ （9.3.1）

去替代

$$r - r_f = \alpha + \beta(r_M - r_f) + e$$ （9.3.2）

为了了解这一分离的效应，可以把等式 9.3.2 重新写成

$$r = r_f + \alpha + \beta r_M - \beta r_f + e = \alpha + r_f(1 - \beta) + \beta r_M + e$$ （9.3.3）

比较等式 9.3.3 与 9.3.1 可以看到，如果在某个样本期间上，r_f 是常数，则这两个等式具有相同的独立变量 r_M 和残值 e。因此，在这两个回归中斜率系数相同。因此可以直接利用式 9.3.1 估计股票 β 系数。

已知股票 A 天士力（600535）和上证指数 2011 年到 2012 年每月收盘价，如表 9.3.1 所示，预测股票 A 的 β 值。[12] 计算步骤如下：

表 9.3.1　股票 β 值计算

	A	B	C	D	E
1	股票 β 系数计算				
2	已知数据			分析计算	
3	日期	股票收盘价	上证收盘指数	市场平均收益率	股票收益率
4	01/31/2011	34.51	2790.69		
5	02/28/2011	36.11	2905.05	4.10%	4.64%
6	03/31/2011	34.81	2928.11	0.79%	-3.60%
7	04/29/2011	36.52	2911.51	-0.57%	4.91%
8	05/31/2011	39.31	2743.47	-5.77%	7.64%
9	06/30/2011	40.43	2762.08	0.68%	2.85%
10	07/28/2011	43.22	2701.73	-2.18%	6.90%
11	08/31/2011	43.19	2567.34	-4.97%	-0.07%
12	09/30/2011	38.96	2359.22	-8.11%	-9.79%
13	10/31/2011	41.52	2468.25	4.62%	6.57%
14	11/30/2011	43.45	2333.41	-5.46%	4.65%
15	12/29/2011	41.24	2199.42	-5.74%	-5.09%
16	01/31/2012	36.21	2292.61	4.24%	-12.20%
17	02/29/2012	38.2	2428.49	5.93%	5.50%
18	03/30/2012	34.73	2262.79	-6.82%	-9.08%
19	04/27/2012	36.96	2396.32	5.90%	6.42%
20	05/31/2012	38.3	2372.23	-1.01%	3.63%
21	07/31/2012	45.9	2103.63	-11.32%	19.84%
22	08/31/2012	49.2	2047.52	-2.67%	7.19%
23	09/28/2012	51.44	2086.17	1.89%	4.55%
24	10/31/2012	52.83	2068.88	-0.83%	2.70%
25	11/30/2012	49.87	1980.12	-4.29%	-5.60%
26	12/31/2012	55.27	2269.13	14.60%	10.83%
27	E27=SLOPE(E5:E26,D5:D26)			β	0.1836

第一，计算股票收益率和市场收益率。收益率=（当日价格-前一日价格）/前一日价格，在单元格 E6 中输入=（B6-B5）/B5，单元格 D6 中输入=（C6-C5）/C5，得到 2011 年 2 月股票 A 的收益率和市场的平均收益率。

---

[11] 滋维·博迪《投资学》第六版（机械工业出版社）第 250 页。
[12] β 值的计算一般以月度数据为好，且计算结果与选取的历史长度有关。实验篇幅有限，取两年为例。

第二，分别用 D5 和 E5 的公式填充 D 和 E 列的单元格，分别得到 2011 年和 2012 年每个月股票 A 和市场的平均收益率。

第三，在单元格 E28 中输入=SLOPE（E5:E22,D5:D22），得到股票 A 的预测 β 值，如表9.3.1 所示。⑬

第四，选择 D 列和 E 列数据，单击插入—图标—XY 散点图，以市场平均收益率作为X，以股票 A 收益率作为 Y，做出散点图。然后再散点图上单击右键，单击添加趋势线。在趋势线上单击右键，找到趋势线格式和选项，选中显示公式，显示出股票收益率与市场收益率的关系，X 前的系数即为 β 值，如图 9.3.1 所示。

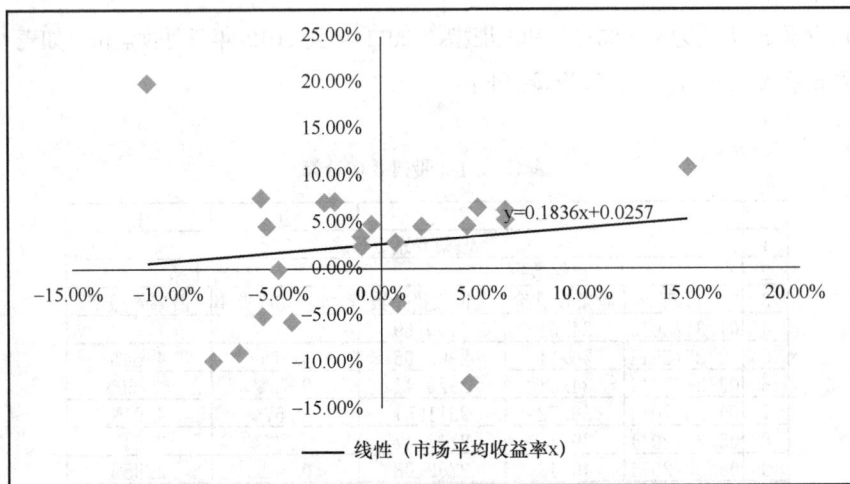

图 9.3.1　股票 β 值计算

9.3.2　CAPM 模型的应用

本小节有两个 CAPM 应用例子。一是根据 CAPM 模型判断股票未来价格的变动趋势，二是计算投资组合的期望收益率与 β 值，以及市场组合的期望收益率和无风险利率。

（1）已知目前的无风险收益率、市场投资组合收益率以及 A、B、C、D 四种股票的贝塔系数和预计收益率相关数据，如表 9.3.2 所示，要求根据 CAPM 模型计算四种股票的期望收益率，并判断各种股票的价格状态及未来变动趋势。计算步骤如下。

第一，在单元格 D5 中输入公式=$C$2+C5*（$C$3-$C$2），并将其复制到单元格D6:D8，计算每个股票的期望收益率。

第二，在单元格 E5 中输入公式=IF（B5）=D5，"均衡状态"，IF(B5)D5，"价格将上升"，"价格将下降"），并将其复制到单元格 E6:E8，判断各种股票的价格状态及未来的变动趋势。

---

⑬ Excel 的 slope 函数用途：返回经过给定数据点的线性回归拟合线方程的斜率（它是直线上任意两点的垂直距离与水平距离的比值，也就是回归直线的变化率）。

语法：SLOPE(known_y's, known_x's)

参数：Known_y's 为数字型因变量数组或单元格区域，Known_x's 为自变量数据点集合。

表 9.3.2　投资组合已知数据

	A	B	C	D	E
1	已知条件				
2	无风险利率		8%		
3	市场投资组合收益率		15%		
4	股票	预计收益率	β_i	期望收益率	价格状态及未来变动趋势
5	A	12.60%	0.5	11.50%	价格将上升
6	B	14.30%	0.9	14.30%	均衡状态
7	C	15.80%	1.3	17.10%	价格将下降
8	D	20.10%	1.5	18.50%	价格将上升

（2）已知 A、B、C、D 四种股票的有关数据如表 9.3.3 所示。计算这四种股票组合的期望收益率；计算这四种股票组合的 β 系数；计算证券市场投资组合的期望收益率 R_M；计算无风险利率 r_f。计算步骤如下：

第一，在单元格 B8 中输入公式=SUMPRODUCT(B3:B6,D3:D6)，计算四种股票的期望收益率。

第二，在单元格 B9 中输入公式=SUMPRODUCT(C3:C6,D3:D6)，计算四种股票的 β 系数。

第三，在单元格 D8 中输入公式=B11+C3*(B10−B11)−B3，在单元格 D9 中输入公式=B11+C4*(B10−B11)−B4，在单元格 D10 中输入公式=B11+C5*(B10−B11)−B5，在 D11 中输入=B11+C6*(B10−B11)−B6

第四，求解市场投资组合的期望收益率 R_M 和无风险利率 r_f，实际上就是在已知某两种股票的期望收益率和 β 系数的情况下，利用 CAPM 模型建立方程，求解这个方程组的解。因此，可以利用线性规划求解工具[14]来计算市场组合的期望收益率和无风险利率。

对话框中，将单元格 D8、D9、D10 和 D11 的任何一个单元格作为目标单元格（目标值为0），其他任意一个单元格作为约束条件（约束条件值），单元格 B10 和 B11 作为可变单元格，单击"求解"按钮，即可求出市场投资组合的期望收益率 14%、无风险利率为 6%。计算结果如表 9.3.3 所示。

表 9.3.3　投资组合 β 系数计算结果

	A	B	C	D
1	已知条件			
2	股票	预计收益率	β_i	投资比例
3	A	7.60%	0.2	25%
4	B	12.40%	0.8	25%
5	C	15.60%	1.2	25%
6	D	18.80%	1.6	25%
7	计算结果			
8	股票组合的收益率	13.60%		0.00%
9	股票组合的β系数	0.95		0.00%
10	市场组合投资收益率	14.00%		0.00%
11	无风险利率	6.00%		0.00%

[14] 单击[工具]或[数据]菜单中的[规划求解]命令，弹出[规划求解参数]。

9.3.3 投资组合业绩评估方法的应用

从沪深两市上市的 A 股中选取 15～20 只股票，使其分散于不同地区、不同行业、不同概念的上市公司，进行等权重投资，期限为 3 个月，或向前追溯 3 个月的历史数据。跟踪它们的收益率和价格变化，并在每个交易日末记载下来。计算投资组合的夏普比率、特雷诺比率，对自己的投资组合的绩效进行评价。

9.4 思考与练习

1. 选择一家你感兴趣的上市公司，利用 CAPM 模型计算该公司的 β 值。

2. 预计未来 1 年中国证券市场的期望收益率将为 15%，且中国政府债券年利率为 5%。假设你考虑购买招商银行的股票，现价为每股 25 元。预计派发每股 2.5 元的股利，而一年后的价格预计为 27 元。若招商银行的 β 为 1.5，试问你是否应该购买它？

3. 选取 5～10 支基金，采集相关数据资料，整理计算出其特雷纳指数、夏普指数、詹森指数和股价比率指标，并进行基金绩效评估。